思政育人工作的理论与实践探索研究

朱民强◎著

中国出版集团　中国民主法制出版社

全国百佳图书出版单位

图书在版编目（CIP）数据

思政育人工作的理论与实践探索研究 / 朱民强著 .—北京：
中国民主法制出版社，2023.12
ISBN 978-7-5162-3445-7

Ⅰ . ①思… Ⅱ . ①朱… Ⅲ . ①高等学校 – 思想政治教育 –
研究 – 中国 Ⅳ . ① G641

中国国家版本馆 CIP 数据核字（2024）第 216205 号

图书出品人：刘海涛
出版统筹：石　松
责任编辑：刘险涛　吴若楠

书　　名 / 思政育人工作的理论与实践探索研究
作　　者 / 朱民强　著

出版·发行 / 中国民主法制出版社
地址 / 北京市丰台区右安门外玉林里 7 号（100069）
电话 /（010）63055259（总编室）　63058068　63057714（营销中心）
传真 /（010）63055259
http: // www.npcpub.com
E-mail: mzfz@npcpub.com
经销 / 新华书店
开本 / 16 开　787 毫米 ×1092 毫米
印张 / 9.75　字数 / 183 千字
版本 / 2024 年 4 月第 1 版　　2024 年 4 月第 1 次印刷
印刷 / 廊坊市源鹏印务有限公司

书号 / ISBN 978-7-5162-3445-7
定价 / 68.00 元

前 言

FOREWORD

　　思政教育是高校重要的教育内容，关注师生政治信仰、道德品质、思想观念的教育学科，能够使他们从中获取思政信息及教育内涵，以此增强民族自信、文化自信，成为对社会发展有用的人才。而课程思政思想的提出，进一步凸显思政教育实践的价值，这为高校思政育人工作提供了有力支撑。

　　高校大学生作为时代新人，是社会主义核心价值观的践行者，关乎国家社会的未来发展。良好的思政教育工作，能使大学生坚定政治立场，提升大学生道德品质，培养大学生独立的人格素养，促进大学生身心健康的发展，实现高校思政育人工作实践的价值。因此，新时代下，高校应以思政教育为导向，构建思政育人体系，促进思政教育的创新，推动思政进入新的教育格局，从而有效提升高校人才培养质量，使大学生为社会发展贡献自身力量，彰显高校思政育人体系建构与实践的价值。

　　新时代下，高校思政育人工作的理论与实践探索，能促进思政教育进入全新的教育格局，这为大学生综合性的发展助力。从目前大学生发展实际需要来看，大学生群体与个体间存在的问题多元，包含学习压力、政治觉悟与素养不高、道德品质下滑等问题，这都不利于大学生未来就业与发展。而高校构建思政育人工作，可发挥思政教育引领功效，依据大学生群体与个体的实际发展情况，加强大学生思想、情感的引领，帮助大学生解决思想困境，从而促进大学生综合性的发展。

　　本书共分为七章。其中，第一章提出了实施思想政治育人工作的必要性，指出了社会发展对高校思想政治教育的影响、新时代高校思想政治教育的发展趋势以及当代大学生的时代特点与成长发展规律；第二章对思想政治教育工作实施的理论基础进行了综述，包括党的思想对高校思想政治教育工作的指导、中外经典思想政治教育思想以及国外思想政治教育经验和其他学科理论的借鉴；第三章探索了思想政治教育工作机制，未来要加强高校思想政治教育的保障机制，优化评价机制，并改进环境机制；第四章针对当前思想政治教育教学工作进行了研究，指出了高校思想政治教育理论课存在的问题，并提出了思政理论课程优化与创新的渠道；第五章阐述了思想政治教育工作队伍问题，分析了加强高校思想政治教育工作队伍建设的重要意义以及教育队伍能力和素质构成，并有针对性地提出了加强高校思想政治理论课教师队伍建设的方式；第六章讨论了高校思想政治教育文化育人工作，分析了文化育人的内涵、意义、内容及实践路径；第七章对思想政治教育实践育人进行了研究，包括社会实践在高校思想政治教育的重要作用，社会之间模式以及社会实践的长效机制。

本书在写作过程中参考了众多专家学者的研究成果，在此表示诚挚的感谢。由于时间和精力的限制，本书的内容可能会存在疏漏，恳请广大读者给予指正，以便使本书更加完善。

作者

2023 年 9 月

目 录
CONTENTS

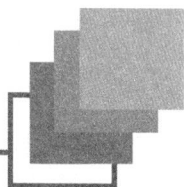

第一章

思想政治育人工作实施的必要性分析

当今中国社会，随着改革开放的浪潮，经济全球化、政治多极化、文化多元化进一步发展，席卷而来的不仅仅是经济的繁荣，还有诸多的社会问题。复杂的社会问题冲击着大学生的心灵，使许多大学生产生道德、信仰和理想上的困惑。高校思想政治教育还不能完全适应新的形势和要求，对大学生的思想政治教育还存在诸多不足之处。作为国家人才培养的摇篮——高校，面对这种现状，应当与时俱进，担负起应有的教育责任。我国高校必须加大对高校思想政治教育创新的研究力度，以推动高校思想政治教育的不断发展和进步，适应培养现代化建设人才的根本任务。

高校思想政治教育的任务既要满足社会发展的客观需要，又要体现大学生的主体特点和需要。只有高校思想政治教育建立在社会发展与大学生发展的客观现实基础上，才能真正引导人们积极从事教育实践活动。

我们应该对高校思想政治的特征及发展趋势、大学生的特点及成长发展规律进行深入了解，这样才能更好地发挥思想政治育人的作用。

第一节　社会发展对高校思想政治教育的影响

高校思想政治教育是对大学生这一特殊社会群体用一定的思想观念、政治观点、道德规范施加有目的、有计划、有组织的影响，帮助他们建立符合社会所要求的思想政治品德的实践活动，而当代社会变化对高校思想政治教育产生了深刻的影响与冲击，又进一步丰富和深化了高校思想政治教育本身。

一、高校思想政治教育发展面临的新环境

（一）经济全球化

本质上看，经济全球化是指以市场经济为基础，以民族国家为主体，以最大利润和经济效益为目标，以先进科技和生产力为手段，通过分工、贸易、投资和要素流动等，实现各国市场分工与协作，相互融合的过程。世界经济活动超越国界，通过对外贸易、资本流动、技术转移、提供服务等方式，使各国经济在全球范围的相互依赖性增强。

经济全球化主要有以下几个特点。

一是高度的流动性和开放性。如，人才流、信息流、物流、资本流等生产要素在世界范围的流动日益广泛和频繁。世界上越来越多的国家和地区，采取开放的状态，逐步融入经济全球化的洪流。发达国家、发展中国家乃至最落后的国家，都不同程度地被经济全球化的浪潮所卷入。

二是高度的渗透性和互补性。这主要体现为人才流、物流、信息流、资本流和知识流的时空约束减少、成本降低及资源互补，发达国家的资本、技术、管理、文化等渗透进发展中国家，发展中国家的能源资源和劳动力等也流向发达国家，资本、知识、资源等在全球市场流动并趋向合理配置，使世界经济呈现出一体化特征。经济全球化使世界各国经济的相互依赖性更加强化，这有助于不同国家和地区在资本、知识、资源等方面的互补，也有助于全球经济的发展。

三是高度的集约性和垄断性。这一特点主要是体现在跨国公司以及国际金融机构对世界经济产生的巨大而深远的影响。一些跨国公司由于其经营领域比较广，涉及业务比较多，销售额有时会大于或等于一个中等国家的国内生产总值。这些公司的经济活动、经营范围以及企业宗旨理念的变化都会对整个世界的经济产生重大影响，金融危机的爆发就是这样产生的，先是由一个小的局部范围内的经济动作引起该地区的经济形势的变动（甚至有时候也会对政治以及社会产生影响）进而蔓延到其他国家，最后在全世界范围内形成巨大的冲击力与影响力。

中国加入 WTO 后，世界 500 强中的大部分跨国公司纷纷进入中国，既带来大量的资金、先进的管理技术，又为解决我国劳动力就业特别是大学生就业问题提供了机会。

四是高度的依赖性和异步性。一种产品的最终成果可能是由多种复杂的步骤完成的，这些步骤又是由来自不同国家的承担不同分工的劳动者负责的，他们的齐心协作相互配合实现了产品的最终面世。一项产品的研发可能是由发达国家控制核心技术，然后将先进技

术和先进设备输出到他国，有的甚至直接将物质生产的流程"外包"给其他发展中国家，强化对输出资本的控制，这就是所谓的不对称的依赖性。"异步性"是指资金、技术在流入一个国家的时候首先进行的是经济当面的响应，然后才出现政治文化的其他方面的变革，这些方面的变革显得相对滞后，这种情况的严重发展甚至会使世界在一定时期内出现多种社会并存（包括工业社会、农业社会和原始社会并存）的现象。

因此，许多发展中国家呼吁在经济全球化进程中建立公正、合理的国际经济新秩序，反对发达国家利用经济全球化获取单方面的利益。

五是经济全球化表现为科技、服务、生产的全球化。这种科技的全球化主要表现为科技活动的全球化、科技传播的全球化、科技成果的全球化和科技影响的全球化。

总之，经济全球化已然成了一种趋势，并且这种趋势不以我们的个人意志为转移，它是现代经济、现代科技高速发展的产物，这已经不是一种选择问题，而是一个各个国家都需要面对的现实问题，不是如何游离在这种状态之外的逃避方法问题，而是如何实现平等、公正、互惠、共赢、共存、共同繁荣的问题。对中国而言，加入 WTO 后，在我国对外开放和对外依存度日益增强的情况下，我们更要正视经济全球化这一现实，主动参与其进程，充分利用经济全球化带来的巨大机遇，促进中国经济的发展。尤其要看到，经济全球化导致国际思想文化交流交融交锋，并呈现出新特点，对大学生思想行为变化带来双重影响，既要因势利导增强大学生的国际意识和世界眼光，又要避免其可能带来的消极影响。

（二）社会信息化

现代社会科学技术获得了迅猛的发展，其重要标志之一是现代信息科学技术特别是互联网技术的发展。信息化与工业化不同，它是指将社会的各种资源，各种信息以现代的技术和网络设施进行的散播运用的过程。这与工业化有着一定的联系，因为工业化是信息化的物质基础，信息化是工业化的更高层次的发展，但是工业化是以科学技术的手段进步为依托，而信息化是以互联网的发展和普及为现实基础，工业化的最大目标是最大限度地开发利用物质和能源资源，向社会提供丰富的物质产品；而信息化的主要目标是最大限度地开发利用信息资源，提高社会各领域信息技术应用和信息资源开发利用的水平，为社会提供更高质量的产品和服务，促进全社会信息化。信息化是从有形的物质产品创造价值的社会向无形的信息创造价值的新阶段的转化，也就是从以物质生产和物质消费为主，向以精神生产和精神消费为主阶段的转变。信息化进程的推进使人们获取信息的途径变得广泛、方式变得先进。信息传播的方式也逐渐向多样化发展。在高校思想政治教育中，由于社会信息的广泛传播，大学生接收到的信息可能会存在很大的差异，这就会导致大学生越来越具有自己的个性，形成属于自己的行事风格和思维方式，这对高校思想政治教育提出了极大的要求，怎样面对价值观念和认识世界的方式完全不同的大学生，并给他们的人生提出建议和帮助。

信息化是从有形的物质产品创造价值向无形的信息创造价值的阶段的转变，也就是从以物质生产和消费为主转向由精神生产和消费为主。相关调查数据显示，目前，我国正处于从被动应对全球社会信息化向主动发展信息化转变的关键阶段，中国的经济增长和社会发展为信息化的发展提供了基础和前提。信息化进程的推进使人们获取信息的途径变得广泛、方式变得先进。信息传播的方式也逐渐向多样化发展。网络是一把"双刃剑"，互联网技术的不断发展导致了相关的法律规范制度并不能完全及时地跟上节奏，这就会造成很多人在网络环境中出现行为不规范以及心理异常等问题。在网络环境中管理力度的薄弱使得网络行为得不到有效制约和监管，纵容了某些人自我意识的膨胀和道德责任的缺失。

知识的生产成为主要的生产形式，知识成了创造财富的主要资源。知识取代资本，人力资源比货币资本更为重要。信息化推动了知识经济的兴起和发展。知识经济是指区别于以前的，以传统工业为产业支柱，以稀缺自然资源为重要依托的经济的新型经济，它以高技术产业为第一产业支柱，以智力资源为首要依托，是可持续发展的经济。知识经济的兴起，将人类社会带入了一个以智力为本、以科教为主导、以创新为灵魂的社会。

总之，社会信息化彻底地改变了人们信息获取、处理、生产、加工的方式和社会生活的方式。大学生是一个对信息异常敏感和渴求的群体，他们既有对信息的强烈需求，又掌握了现代信息技术，是社会信息化的主动参与者和有力推动者。因此，社会信息化对大学生的思维方式和行为方式产生着深刻的影响，对传统的思想政治教育模式也提出了严峻的挑战。

（三）体制市场化

从计划经济向市场经济转变，建立和完善社会主义市场经济，是我国经济体制改革和社会发展的重要内容和显著趋势，也构成了我们考察当代中国一切社会变动的重要参照系。长期以来，我国实行的是高度集中的计划经济体制。随着社会的发展，这种高度集中的计划经济体制逐渐成为制约我国经济和社会发展的体制性障碍，束缚了生产力的发展。市场化，是解放和发展生产力，实现经济体制转变，建立社会主义市场经济体制的重要途径。社会主义市场经济就是使市场在社会主义宏观调控下对资源配置起基础性作用，使经济活动遵循价值规律的要求，适应供求关系的变化；通过价格杠杆和竞争机制，实现资源的优化配置和优胜劣汰；促进社会生产的发展和社会需求的满足。

中国经济的市场化进程给社会带来的主要变化包括：

一是中国经济市场化成果丰硕。我国经济市场化改革取得的重大成果体现在各个方面。"要使市场在资源配置中起决定性的作用"，这一概念更加强化了"市场"的作用，在全面深化改革的重要时期，在多种经济形势并存的现代市场，要大大减少国家的宏观调控，减少政府在资源配置中的作用，着力强调市场的作用。在社会经济成分中，仍以公有制为主体，坚持多种所有制并存的制度，大力提高国有企业的市场化程度，进行垄断行业的改革整治与重组。

二是经济管理体制和方式有了重大改革。政府逐步取消了生产方面的指令性计划，让市场导向生产，让企业决定产量。全面放开了对价格的管制，市场价格成为基本价格形式。中介组织的发展弱化或取代了政府的行政干预。

三是促进了社会结构的多样化。市场化导致了经济成分和经济利益的多样化。经济成分和经济利益的多样化导致了社会阶层的多样化。社会阶层的多样化带来了生活方式、行为方式和思想观念的多样化。

（四）文化多样化

在社会的发展中和社会交往中给人们生活方式的建立和思维习惯的养成具有重要的影响作用。文化本身就是丰富多彩、多种多样的。21世纪以来，人类文化的发展进入了新阶段，文化交往全球化将成为全球历史进程的必然过程。

在全球化已经在各个领域得到发展的历史时期，尊重各民族的文化习俗，加强不同文化之间的相互尊重、相互学习，推动各种文化之间的各种相互融合，促进世界范围内多样化的文化格局的形成。

随着我国改革开放的深入，科学技术的迅速进步为我国多样化文化格局的形成提供了坚实的基础。生产力的发展成为文化多样化的推动力。而社会经济成分、就业形式以及社会利益关系的多样化发展，社会精神文明生活和文化也趋于多样化。文化的多样性是对最广大人民对文化方面需求的增强的最好体现，是人民精神世界和个性特点的多样化的表达。文化的多样化是改革开放的必然产物，同时也是顺应我国改革开放、时代进步的趋势的结果。

文化多样化主要表现在以下几方面。

1. 主文化、亚文化以及负面文化的共存

文化的多样性首先表现在主文化、亚文化以及负面文化在文化市场中的共存上。主文化，是指在社会中占据主导地位的文化，体现了一国的根本价值观。亚文化，是指不在整个社会中占据主要地位，而只在特殊群体中受到推崇的文化，体现了在社会转型加速期社会价值观念的分化。负面文化就是指完全与主文化相反的文化，并且对于人们的日常生活起不到积极作用。

2. 传统文化、西方文化以及当代马克思文化共同发展

文化的多样化不仅体现在国内各种文化的共存上，而且体现在国内外多种文化共同发展的特征上。当代中国的先进文化，是在继承和发扬我国传统优秀文化的基础上，代表最广大人民根本利益的文化，是以马克思主义为指导思想的文化。当然，在我国先进文化的发展过程中，难免要摒弃我国传统文化中糟粕、消极的部分，并积极吸取国外优秀文化的精髓，从而促进我国先进文化的发展。

我国当代文化呈现出传统文化、西方文化以及当代马克思主义文化共同发展的趋势。传统文化就是指在进入现代社会之前，我国经过长期的发展和历史沿革所形成的独有的文化。传统文化经过长久的发展和继承，成为规范人们行为习惯的共同精神，并对人们价值观的形成和思维方式的养成具有重要的引导作用。西方文化就是指最早在欧洲形成，并且逐渐在欧洲、北美洲以及澳洲等地区盛行的文化。本质上看，西方文化是一个个体文化，相对来说，东方文化是一种整体文化。当代马克思主义文化就是指将马克思主义联系中国实际，形成的一种具有中国特色的马克思主义文化。

在经济全球化的大环境下，社会避免不了向多极化发展的趋势，而随着科学技术的发展、各地区之间开放程度的提高以及网络时代的来临，文化多样性将是经济全球化、社会信息化等带来的必然结果。

在当今的社会环境中，文化的多样化不仅丰富了社会文化的内容，而且满足了人们对于精神文化不同层次、不同类别的需求。同时，对人们来说是一次强烈的精神冲击，尤其对于价值观念尚未完善的大学生来说，在这样文化迅猛发展的时代，要形成科学的人生观和价值观是不容易的事情，这也给高校思想政治教育带来了挑战。

二、新环境对高校思想政治教育的挑战

经济全球化为各个国家及地区拓宽了发展的空间，也为关于高校思想政治教育的思考提供了宽阔的思维视野，全球化中的国与国之间相互联系的运作方式、信息技术传递及更新的手段、现代社会中的价值与游戏规则，这些要素都给高校思想政治教育带来了十分重要的影响。

与高校思想政治教育发展面临的新环境相对应，这一部分也从四个方面来阐述新环境对高校思想政治教育的影响。

（一）经济全球化对高校思想政治教育的挑战

经济全球化对思想政治教育的首要地位提出了挑战。新中国成立以来，党和政府历来高度重视高校思想政治教育，始终把高校思想政治教育放在首位。经济全球化在带来政治经济思想领域的相互交融的同时，也给我国的大学生带来了空前广泛深入的意识形态的撞击，一些西方的思想随着经济全球化的大潮传入我国，与我国传统的观念进行了碰撞。文化的碰撞，使我国高校大学生进一步认识到其他国家和地区的多样化的制度体系和生活方式，他们既面临着多种观念中的抉择，也面临着多种行为取向的选择。西方国家会凭借自己巨大的经济科技实力在思想文化领域进行强势主导与恶意垄断，这样就会使一些真正正确的观念无法进入大众的视线中，致使他们在这种强势文化强烈轰炸下被愚化，动摇自己的社会主义和共产主义信念，进而丧失自己在意识形态领域的防御能力。

（二）社会信息化对高校思想政治教育的挑战

社会信息化改变了人们获取信息的方式，作为社会信息化发展较先进的西方国家，信息技术和网络技术的发展成为其谋求在国际社会上更高的社会地位的工具和手段。而对于我国来说，如果一味容忍西方国家利用技术方面的优势对我国的社会秩序进行干扰，将有害信息传播到我国，那么就会给大学生带来强烈的冲击，大学生会面对与他们价值观念完全不相符的信息和消息，在这样的情况下，维持大学生价值观念的稳定，引导大学生形成科学的人生观、价值观、世界观，正确认识这些信息就显得尤为重要。

信息化进程的推进使人们获取信息的途径变得广泛、方式变得先进。信息传播的方式也逐渐向多样化发展。在高校思想政治教育中，由于社会信息的广泛传播，大学生接收到的信息可能会存在很大的差异，这就会导致大学生越来越具有自己的个性，形成属于自己的行事风格和思维方式，这对高校思想政治教育提出了极大的要求，如何面对价值观念

和认识世界的方式完全不同的大学生，并给他们的人生提出建议和帮助是思想政治教育面临的重要问题之一。

网络集多媒介于一体，以丰富多彩的形式展示信息。思想政治教育者在网络上可以把要向大学生传递的思想政治教育信息赋予丰富的表达形式，比如，以视频的形式出现，也可以以文字加图片的形式出现。这样的表达方式避免了简单说教，可以吸引大学生的注意力，可以将枯燥的理论知识趣味化，可以减少大学生的抵触心理，拉近教育内容和大学生的距离，可以帮助大学生理解和内化。网络交流在一个虚拟的平台上实现了交流主体的平等双向互动。传统的思想政治教育中，教育者和大学生的身份区分是非常明显的，双方的交流总是在设定的身份范围内进行，交流氛围无形中受到这种身份界定的影响。网络思想政治教育中，教育信息以文字、图片、视频形式出现，大学生完全是以一种放松的心态在接收这些信息。即使教育者和大学生在运用微信、微博、E-mail、QQ等交流时，由于双方不是面对面的接触，大学生的心态相对而言是比较放松的，和教育者的对话能更好地实现双方的平等互动。

但与此同时，我们也应认识到，网络是一把"双刃剑"，互联网技术的不断发展导致了相关的法律规范制度并不能完全及时地跟上节奏，这就会造成很多大学生在网络环境中出现行为不规范以及心理异常等问题。在网络环境中管理力度的薄弱使网络行为得不到有效制约和监管，纵容了某些大学生自我意识的膨胀和道德责任的缺失。这些问题都是高校思想政治教育队伍需要考虑和面对的问题。

（三）体制市场化对高校思想政治教育的挑战

当代大学生思想中理想化的成分减少，更多的是讲求实际。在市场经济的浪潮中，他们追求一种量力而行的理想，把理想的实现与现实的成功紧紧地结合起来，鄙视空谈，崇尚具体目标的实现。对真理的追求表现在不盲目接受现成的流行观点，善于用审慎和批判的态度对待正统的政治理论，对权威的论述不盲从，对政治宣传不热心，不轻信，而注重以社会实际效果来评价一个理论的正确与否，反感理论对理论的空洞说教，对形式主义嗤之以鼻。关注经济发展和社会进步的实际成效。

随着市场经济在中国的发展，我国国内的政治、经济形势也开始表现出新的特点。在这样的环境下，各种无论对错的社会思想应运而生，混淆人们的视听。在这些社会思想中，既有以马克思主义为指导的积极思想，同时也有违反马克思主义科学理论的消极思想、帮助大学生形成科学的人生观、正确的价值观，正确认识这些思想和观点，是高校思想政治教育工作者当下应该努力的方向。

在市场经济不断发展的当下，虽然我国经济和综合国力都得到了提升，但是不可否认的是，市场经济体制的发展仍然暴露出一些问题，比如，市场经济的局限性决定了其可能诱发拜金主义、享乐主义利己主义等思想。

在这些思想对我国传统的以最广大人民群众利益为根本原则的思想造成了冲击，同时国外资产阶级腐朽的思想文化乘虚而入，这对高校思想政治教育带来了一系列挑战。由于这些思想的出现，大学生开始出现一些不健康的心理倾向，比如，投机心理等，这些心理会指引大学生养成不良的行为方式。高校思想政治教育工作者必须时刻对学生的行为和思想进行关注，发现问题时，要以正确的人生观和价值观加以引导。

在市场经济条件下，大学生积极投身社会实践，紧跟时代和社会的发展，思想活跃，勇于进取，敢于求新。不断更新自己的观念，自我意识增强，重视自我价值的实现，注重参与意识和团队精神的培养，具有较强的开放意识和法制观念，奉行事业至上的人生观和奉献的价值观，形成积极向上的价值观。

此外，在市场经济的作用下，价值选择上也表现出了实用的趋向，主要表现在价值选择呈现多样性和复杂性。市场经济中，社会呈现出了多样性和利益关系的复杂性与复杂化，特别是面对社会上分配不公现象、一夜暴富现象等，大学生的价值取向出现了困惑和混乱，造成了大学生价值判断和选择的多样性，在价值选择和判断中有浓厚的功利色彩，在专业的选择和学习中讲究实用。多数人坚持学习以服务社会及实现个人的价值。他们对专业知识、技术能力的学习和掌握有较强的实用目的。他们从未来社会需要出发塑造和培养自我，注重了解社会对人才知识结构和能力水平的要求，选择社会需求大又能最大限度地体现个人价值的专业。

（四）文化多样化对高校思想政治教育的挑战

文化多样化对高校思想政治教育的挑战主要体现在以下两方面。

1. 对价值观念的挑战

首先，文化多样化的发展趋势对我国传统的价值观念带来了冲击。改革开放以来，社会实践推动了我国人民思想观念以及价值观念的多元化发展。市场经济的发展导致了不同利益群体的产生，这些不同的利益群体又产生了属于自己的独特的价值观念。大学生从小生长在不同的家庭环境和校园环境中，受到不同价值观念的影响，必然会出现价值观念矛盾的问题。同时，大众传媒的发展为这些不同的价值观念提供了传播平台，各种文化在传播媒体上以各种各样的形式传达到大学生耳中。大学生缺乏对文化优良的鉴别能力，因此，会形成消极的、不科学的、违背客观规律的价值观。这就需要在教育过程中注重对科学理论知识的传授，引导大学生纠正错误的价值观念，在形成科学人生观的基础上建立正确的价值观，指导学生更正确、客观地看待这个世界。

2. 对我国传统主流文化地位的挑战

文化多样性的发展趋势对我国传统主流文化的地位形成挑战。经济全球化的发展以及信息化在全球范围内的蔓延，不同思想文化之间的碰撞在所难免。在任何思想文化交流、互动的过程中，总是处于高势位的文化掌握着交流的主动权。这种交流形式决定了文化交流的不平等性。

在世界文化交流的过程中，我国文化并不是处于高势位的一方，因此，在文化交流的过程中不可避免地会被西方主流文化控制。因此，在高校思想政治教育中，我们要重视大学生对思想文化的认识和理解，帮助他们建立起对中国传统的民族文化的自信，以防止文化多样性导致的我国传统文化社会边缘化的现象。

第二节　新时代高校思想政治教育的发展趋势

高校思想政治教育的发展趋势在对我国高校思想政治教育的历史进程进行分析之后，我们不难发现，我国的高校思想政治教育人本化、社会化、民主化及综合化的发展趋势越来越凸显。

一、高校思想政治教育人本化发展趋势

高校思想政治教育以人为本的人本化，随着科学发展观在高等教育中的深入贯彻与实践，日益凸显为以学生为本，主要表现在以下几方面。

（一）大学生是实践主体

高校思想政治教育以人为本首先体现为以大学生为实践之本。大学生的主要任务是学习，这是大学生在校期间作为实践主体的主要活动形式。大学生是学习的主体。高校思

想政治教育越来越注重寓思想政治教育于大学生学习活动之中，引导大学生明确学习目的和科学知识的价值；激励他们勤奋学习和系统掌握人类创造的全部科学文化成果，提高创新精神和实践能力，培养与所学专业密切相关的职业道德和职业精神；全面提升思想道德素质，为大学生的全面发展和毕业以后走向社会，推动社会实践活动奠定重要的思想基础；不断调动大学生学习的积极性、主动性和创造性，激发大学生刻苦学习、严谨治学的精神动力。高校思想政治教育还更加注重引导在校大学生积极参与社会实践活动，运用学习掌握的科学理论知识指导和推进社会实践活动，自觉走与实践、与工农相结合的青年知识分子成长道路，在社会实践中受教育、做贡献、长才干。

（二）大学生是价值主体

高校思想政治教育以人为本体现为以大学生为价值之本。高校思想政治教育更加注重引导大学生正确认识和满足自身的需要，实现自身的价值。价值涉及主体的需要及其满足。"价值"这个普遍的概念是从人们对待满足他们需要的外界物的关系中产生的。在价值关系中，价值主体是其需要获得满足者，价值客体是提供满足者。在高校思想政治教育的价值关系中，大学生是价值主体，高校思想政治教育是价值客体，高校思想政治教育越来越注重千方百计地引导大学生正确认识和满足自己的需要，实现自身的利益，实现大学生的价值，并在这一过程中实现高校思想政治教育自身的价值。

（三）大学生是发展的主体

高校思想政治教育要以人为本，要以大学生个人素质的提高和未来的发展为核心。促进大学生的全面发展，是高等教育的基本追求，也是大学生接受高等教育的主要目的，作为大学生的根本利益所在，一定要得到足够的重视。高校思想政治教育要明确为大学生的发展和成长服务的目标，对大学生的健康成长负责。首先，要重视大学生个人素质教育，正确引导大学生的人生观和价值观，帮助他们理顺理想与现实的关系。大学生的持续发展对的他们未来成长和人生价值的实现具有重要意义。大学生的可持续发展就是对大学生潜力的挖掘，增强他们自我学习和自我发展的意识，帮助他们树立战胜困难的勇气和信心。其次，要重视大学生健康人格的塑造。健康的人格是大学生健康发展的基础，它可以帮助大学生树立良好的人际关系和学习习惯，帮助他们在走出校园之后，保持谦虚谨慎，积极进取的人生态度，是建立大学生长效发展机制的前提。

二、高校思想政治教育社会化发展趋势

社会学认为，人的发展过程是一个社会化的过程，思想政治教育是人的社会化不可缺少的重要组成部分，目的是使教育者成为能适应社会，参与社会生活，履行一定社会角色行为，并具有健康人格的人，从而满足社会发展的需要。只有贴近改革、贴近社会、贴近生活的教育，才能培育社会所需要的、适合社会发展的人才，因此思想政治教育的社会化是时代的呼唤，是改革的需要，主要体现在以下几方面。

（一）高校思想政治教育理念的社会化

高校思想政治教育必须将大学生看作一个独立、完整的社会人，因为大学生仅仅是他们在社会中的一个暂时身份，他们的本质还是社会人，是整个社会的一员。在这一基础上，我们要牢固树立开放育人、实践育人和协同育人的教育理念，不能将高校思想政治教育局限在学校和传统思维模式之下，而应该充分运用各种有利的社会因素，充分发挥开放性环境的积极作用，提高高校思想政治教育的时效性，促进大学生素质的全面提升；不能只注重课堂理论知识的传授，还要根据环境特点和大学生的心理接受特点，有计划、有目的地开展实践教学互动，让大学生在社会实践中对所学的理论知识进行理解和体验，提高思想政治教育的生动性；不能单纯地依靠学校的力量来组织和实施思想政治教育，还要充分发挥家庭教育、社区教育在高校思想政治教育中的作用，多方结合，形成强大的教育合力，提高思想政治教育的有效性。

（二）思想政治教育内容的社会化

人们的思想意识在任何时候都是会被人们感知到的一种特殊的"客观存在"，作为社会客观事物的反映，思想意识能够帮助人们行政正确的价值观和人生观。思想政治教育意识必须立足社会实践才能符合人们认识的变化，将在实践认识基础上形成的认识转化为思想政治教育的内容，才能帮助人们行政正确的认识，引导人们向积极的方向发展。高校思想政治教育必须要重视并科学判定社会实践的发展与变化趋势，不断拓展思想政治教育的外援，将更多的积极内容囊括到思想政治教育体系之中，不断丰富和完善高校思想政治教育。在现实社会当中，高校思想政治教育必须要重视社会的发展与变化，并将这些变化进行总结和归纳，在此基础之上对社会发展的形势进行科学的预测，提高大学生对社会的适应能力，将他们培养成有远见的社会主义事业接班人。

（三）高校思想政治教育主体的社会化

从学校的内部来说，无论是学校的教师、领导还是服务人员与学生骨干，在加强高校思想政治教育的过程中，应该加强联系和配合，形成协调的合作机制；从校外来说，不同社会组织同学校间的思想政治教育工作也应该协调配合。充分利用校外的资源提高高校思想政治教育的时效性，比如，社会上的党团组织、科学机构、社会教育机构、新闻媒体、社会团体等不同的主体之间要根据实际情况确定协调的联动机制，在社会上形成一股浓厚的思想政治教育氛围，促进高校思想政治教育工作的开展。学校力量和社会力量的结合也是高校思想政治教育必须重视的一个教学领域，因为单个学校的力量是有限的，只有把不同的学校与社会组织结合起来，才能在校内外同时作用，形成一股合力，构建"大德育"格局。

三、高校思想政治教育民主化发展趋势

民主既是社会主义制度的本质特征和要求，也是中国特色社会主义思想政治教育工作评价的基本原则。高校思想政治教育民主化发展趋势主要体现以下几个方面。

（一）主客体关系的平等化

思想政治教育主体和客体的关系是贯穿高校思想政治教育全过程的基本关系。过去这一关系往往体现为主客体之间的某种程度的不平等关系，教育者和受教育者之间存在位差。现在，随着社会的进步和现代科学技术的发展，教育者和受教育者的社会地位日益平等，教育主体和教育客体的角色、地位可以相互转化。两者的相互关系日益平等，教育者和受教育者获取信息的机会日益均等，教育者和受教育者进行和接受思想政治教育的权利义务日益平等，这些都意味着高校思想政治教育主客体关系更加平等，也意味着高校思想政治教育的日趋民主。

（二）思想政治教育方法的民主化

高校思想政治教育的方法的民主化，就是说高校思想政治教育要充分发扬人民民主精神，广泛的运用民主方法开展思想政治教育活动。高校思想政治教育方法的民主化主要表现在以下两方面。

第一，自律与他律相结合。大学生个人道德发展的规律说明，人的性格的形成和道德素质的养成与外界环境有着密切的关系，但却没有固定规律可循，通过自律和他律来规

范自己的行为是道德和性格塑造的重要手段。

第二，教会接受与学会选择相结合。高校思想政治教育需要通过不同的方法和途径传播积极的思想理论，教育和引导大学生学会接受不同的思想，并去粗取精将积极的思想内化为个人的思想品质。思想政治教育民主化还体现在对大学生思想价值取向的引导上，即通过对大学生进行马克思主义理论的教育，教会他们如何去正确对分析、比较、鉴别，去伪存真。

四、高校思想政治教育国际化发展趋势

思想政治教育的国际化，表现在高校思想政治教育的方方面面，从教育的理念和目标到教育的内容和方法，都包含国际化的因素。思想政治教育的国际化发展趋势，是经济全球化、信息全球化、教育全球化发展的客观要求。具体而言，高校思想政治教育的国际化表现在以下两方面：第一，教育理念和目标的国际化。国际化发展态势下，一味地灌输和逃避是不可能的，教育已逐渐由"堵"变"疏"。对于高校来说，教育理念的国际化使思想政治教育的研究与实践又迈上了新台阶。高校思想政治教育目标，也放大为具有世界眼光和战略思维的社会主义建设者和接班人。第二，教育内容和方法的国际化。如今大学生的关注视野超出了国家的界限，高校更应重视培养学生的全球眼光和博爱精神。与人权问题、环境问题等全球性问题相关的"世界性道德"也进入思想政治教育的探讨领域，呼吁大学生以促进世界的和平与发展为自我完善的崇高要求。而在教育方法上，西方的众多先进教育理论给我们带来了很大启发，思想政治教育方法的发展呈现综合化、网络化、现代化等趋势。

五、高校思想政治教育综合化发展趋势

高校思想政治教育是一个综合性、系统性的工程，高校思想政治教育综合化发展趋势主要体现以下几方面。

（一）思想政治教育内容的系统化

高校思想政治教育的根本目的就是提高大学生的思想政治素质和道德修养，促进大学生个人素质和人格的全面发展，为社会主义现代化建设培养合格的接班人。在高校思想政治教育中，要坚持以理想信念教育为核心，以爱国主义教育为重点，以公民道德教育为

基础，以促进人的全面发展为目标。这也体现出了思想政治教育内容系统化的不断增强，它既是实现高校思想政治教育目的的思想保障，也是促进当代大学生健康成长的内在需求。大学生的道德素质是一个综合性的概念，包含了大学生的思想素质、政治素质、道德水准、心理健康水平等不同方面。高校思想政治教育的内容，与高校思想政治教育的目的是相对应的，因此我们可以知道思想教育、政治教育、道德教育以及心理健康教育等相对应的内容必然是高校思想政治教育的主要内容。思想政治教育的内容与目的对应性，使我们能够更好地理解思想政治教育的系统性。

（二）思想政治教育方法的多样化

思想问题的性质不同，解决思想问题的方法也不同。大学生的思想问题与大学生所处的环境有密切的关系。今天，大学生所处的时代环境比以前复杂得多，由此产生的大学生思想问题也比以前复杂得多，许多思想认识问题同政治问题、道德问题、心理问题交织在一起，解决这些思想问题不是某种单一的方法所能奏效的，必须同时运用多种方法才能加以解决。在这一过程中，尤其要注重多样化思想政治教育方法的组合运用，以不断提高思想政治教育整体效果。比如，对大学生开展理想信念教育，理想信念教育既是个理论问题，又是个实践问题；既要通过加强理论教育引导大学生认识人类社会发展的客观规律和必然趋势，坚定共产主义和社会主义的理想信念，又要通过加强实践教育，引导大学生从大量的事实中得出正确的结论，坚定走中国特色社会主义道路的政治信念。

（三）思想政治教育力量的综合化

要整合教育力量，优化资源配置，不断增强思想政治教育的合力。具体来讲，从高校来看，就是要促进教书育人、管理育人、服务育人相结合，不断提高高校思想政治教育的教育合力。

高校的根本任务是培养人才，无论是教师、干部还是职工，都在高校思想政治教育中扮演着重要的角色，担负着特殊的使命，并且具有不同的教育优势，只有把教书育人、管理育人、服务育人结合起来，才能营造良好的育人环境，切实增强高校思想政治教育的合力，促进大学生的全面发展和健康成长。从全社会来看，就是要促进家庭教育、学校教育、社会教育相结合，不断增强高校思想政治教育的社会合力。家庭教育、学校教育、社会教育在高校思想政治教育中具有不同的职能和各自的优势。

第三节　当代大学生的时代特点与成长发展规律

掌握当代大学生的特点与成长发展规律，可以预测和把握其行为走向，并进行有效的引导和控制，有助于帮助大学生顺利完成社会化过程，迅速地成长为社会需要的建设者和接班人。

一、当代大学生的人生观

正确的人生观可以为大学生提供强大的精神动力。人生观包括人生目的、人生价值和人生态度三方面。

（一）大学生的人生目的

人生目的作为人生观的基本内容，是指人们所追求的贯穿于自身一切活动的有动力作用的最终目标。

当代大学生的人生目的多元，在人生的目标和追求上具有现实性、明确性和求真务实性的特点。他们更强调自我的主体性，认为实现自我价值是大学生人生的主导思想，更加关注与自我联系密切的社会现实，更多地去追求一些较为明确的、务实的人生目的。

（二）大学生的人生价值

人生价值是人生观体系中一个重要的范畴，是"价值"体现在人生观领域的表现。人生价值评价是人们用一定的人生价值标准衡量他人或自己的人生实践活动对社会的作用时，所做出的定性定量的综合性评定。人生价值分为社会价值和个人价值。在一定意义上，对人生价值的考察可以从人生价值的评价和人生价值的实现两个方面进行分析。

当代大学生以对社会的贡献作为人生价值的评价标准。马克思主义价值观既重视人的社会价值，又重视人的自我价值，认为人的社会价值与自我价值是互为前提、不可分割的。但同时也指出，人的社会价值与自我价值不是并列的，社会价值是人的根本价值。当代大学生的人生价值体现了奉献与索取的统一。大部分学生认为人生就是奉献，人的价值在于创造价值，在于对社会的责任和贡献（社会价值），即通过自己的活动满足自己所属的社会、他人以及自己的需要。

当代大学生具有实现人生价值的进取精神。人生的价值和目标总是要通过一定的途径来实现。当代大学生除了非常强调个人的奋斗和努力这个内因，也非常重视他人的帮助和环境、机遇这个外因。

（三）大学生的人生态度

人生态度是人生观的重要内容，是人生观的表现和反映，是指人们通过生活实践所形成的对人生问题的一种看法、行为倾向及稳定的心理倾向。人生态度既制约着一个人对人生矛盾和问题的认识与把握，又影响着一个人的精神状态和人生走向。人生充满矛盾，在人生的道路上客观存在着种种人生矛盾。马克思主义人生哲学认为，人生的发展，需要在不断解决各种人生矛盾的过程中来实现。根据一项调查，多数大学生具有积极的乐观的生活态度。当代大学生具有积极、健康、乐观的人生态度。在对自己如何更有意义地度过一生的问题上，多数大学生表现出了积极、健康、乐观的人生态度。正因为大多数当代大学生在人生态度上表现出了积极、健康、乐观的人生态度倾向，所以他们对大学生活的态度总体上是好的，对人生体验的主流是积极、健康和乐观的。

综上所述，当代大学生的人生观主流是应该予以肯定的，其发展趋势也是积极稳定的。其主要表现有：求进步、求独立、求发展，注重人生的意义和价值，是当代大学生人生观的主流和发展趋势。同时越来越多的大学生确认坚持集体主义价值取向，他们的爱国热情越来越高，投身中国特色社会主义建设实践的程度越来越深，社会责任心和时代使命感不断增强。

二、当代大学生情绪的特点

大学生处于青春期的中后期阶段，具有青年人共有的热情、好胜、冲动、活泼，也有比较理性的自制和成熟的心态。但是，由于大学生是社会一个比较特殊的群体，其心理状态、知识水平、生理和心理发展上都具有鲜明的特点，所以，其情绪情感也就具有一些与众不同的群体独特性。

（一）有阶段和有层次

各个年级面临的问题不同，大学生的情绪特点也就呈现出阶段性和层次性的特点。大学新生所面临的是新的环境、新的学习任务、新的交往对象、新的奋斗目标等问题。他们先是有很多兴奋感，热情高涨，积极投入，有自豪感，但是自卑感也随之而来。因为在这样的新环境里，一切要重新开始，这是对自己的挑战和考验，而自己的能力有限则使人感到自卑，而且，由于与其他同学的对比与竞争，那么在稍显弱势的时候就不由地自卑起来。所以，他们一般情绪波动大。大二、三年级的大学生则适应过来了，能够融于校园生活中，情绪较为稳定，他们更多的是在为未来做准备，比如，是继续读书还是找工作就业，那么不同的计划就要求他们做出不同的准备，所以他们是在积极地准备未来的行动。而毕业班学生面临毕业论文（毕业设计）及择业等多方面的重大问题，因而他们的压力大，情绪波动大，消极情绪多。他们面临着很现实的问题，因为目前就业压力是众所周知的，形势紧迫。而即使继续读书，考试的压力也令人焦虑，所以，大四年级的大学生比较容易出现情绪波动。

除了阶段性以外，也显示了一定的层次性。李虹调查发现，约20%接受调查的大学生显示了高正性情感，约10%报告高负性情感，约40%报告低正性情感，约75%报告低负性情感；另外，20%表现为中等程度的正性情感，约15%表现为中等程度的负性情感。可见，我国大学生正性情感的增加或减少并不一定导致负性情感的减少或增加。也就是说，它们可以同时存在。该研究还发现，中国大学生的情感表达比西方学生更趋于中间化，而西方学生则更加两极化。所以，我们要引导大学生积极正性的情感，减少消极负性的情感积累。因为报告正性情感的人数高于报告负性情感的人数，所以总体上还是乐观的。

邓丽芳、郑日昌调查发现，男大学生的负向情感多于女生，情感表达性不如女生。可见在情绪情感的某些方面还存在着性别差异，这提示我们对学生的情绪情感辅导要有针对性才能事半功倍。

（二）有稳定和有波动

大学生不同于初、高中生的青涩，处于第二断乳期的末尾，比那时要更加稳重、平和一些。中学是他们情绪情感变化最突出的时候，他们很难把握自己，什么事情都要靠自己的意志和外界的压力规范来应对。而到了大学，由于自己的价值观、人生观等在逐渐形成，对世事、对人际等方面有了较为深刻的把握，因而，情绪的稳定性就好一些。但是他们情绪仍然易冲动。大学生的年龄一般在18—24岁，身心发展正处于走向成熟但未完全成熟的状态，情绪波动比较大，遇事极端、固执，时而得意忘形，时而灰心丧气，常常因为一时的事件而导致整个人情绪状态不好。大学生情绪和态度的大起大落，往往从一个极端走向另一个极端：顺利时晴空万里，困难时乌云满天；今天对某人敬佩得五体投地，明天却又觉得不屑一顾。尽管大学生的认识水平较高及有一定的情绪控制能力，情绪亦趋于稳定，但同成年人相比，大学生相对敏感，情绪带有明显的波动性。

（三）有丰富和有掩饰

大学生处于心理成熟的过渡阶段，世界观、人生观、价值观都在逐渐形成，他们对社会、对祖国、对他人的情感体验更加丰富和深刻。大学生具有强烈的民族自豪感和自尊心，有"天下兴亡，匹夫有责"的责任感、义务感，爱憎分明，正义感强；大学生富有同情心和责任心，积极参加社会福利工作，为需要帮助的人贡献爱心；他们有强烈的求知欲、好奇心，热爱真理、视界开阔；大学生对纯洁的友谊和爱情十分向往，还积极地在发展美、欣赏美、创造美的活动中体验到美的感受。这些高级的社会情感的发展都是其心理成熟的表现。

此外，两性情感也在发展和成熟之中。大学生的交际范围日益扩大，与同学、朋友及师长之间的交往更细腻、更复杂，有的大学生还开始体验一种更突出的情感——恋爱，而恋爱活动往往又伴随着深刻的情绪情感体验，这种特殊的体验对大学生有十分重要的影响。通过建立亲密的异性交往，使他们的心理也一步步地走向成熟。

同时，在社会交往当中，在为人处世的过程当中，大学生也在历练成熟的人际技巧。为了在同学、同事和师友间获得认同和接受，他们在积极地发展人际和谐，构建社会支持网络；为了维护人际关系他们会真诚相待，诚信为本。但是，也不免有的时候要使用掩饰的方法来获得大家的支持，这些都说明，与中学时代相比，大学生情绪情感的单纯性正在复杂化。

（四）有内隐和有外显

大学生对外界刺激反应敏感而迅速，喜怒常形于色，具有外显的特点。这也是他们为人比较真诚、情绪直接和直率的表现。但是，由于其自尊心的增强和独立性的发展，使得他们会运用防御机制的心理来保护自己的内心，比如，他们在外显的语言上可能与内心的想法并不一致，可能语言上说自己自信和高傲，可是实际上是一种自卑的内心在作祟，或者是由于自己害怕失败才做出自我妨碍的行为以保护自尊心。在有的场合下，他们会用虚假性的表现来掩饰内心的感受，比如，自己并不认可对方，但是为了维持关系而做出缓和。当然这些表现并非表明大学生的虚伪，实际上某种程度上的掩饰恰恰是适应的表现，是社会心理和行为的适应。

三、当代大学生行为的主要特点

（一）大学生行为的基本特点

青年大学生的行为既具有人类行为的共同特征，又具有鲜明的自身的特征。由于青年大学生心理上正处于走向成熟而又不完全成熟的过渡时期，在生活上处于正走向社会而又未正式进入社会的转折时期，他们的行为往往呈现出两重性的特点，具体表现为以下几个特征。

1. 独立性与依赖性并存

青年大学生人生经历相对顺利，生活压力相对不大，阅历匮乏，随着独立意识和自身能力的增强，他们崇尚独立思考，独立行动，不喜欢他人干涉自己的事情，但青年大学生又具有较强的依赖性，经济上依赖家庭，生活自理能力也有待提高，心理上不够成熟，遇到重大事情，难以决断，需要家人和老师的帮助，因此，虽然青年大学生自我意识强烈，行为的独立特征明显，但他们在承担个人责任和社会责任的意识和能力上仍有较大的差距，行为的依赖性同样显著。

2. 自主性和盲目性并存

大学生是青年中期，是自我意识发展的关键时期，他们在认识、情感、生理发生了深刻变化，把关注的重点更多转向自身，迫切要求形成自己独特的个性特点和理解方式，行为具有高度的自主性和能动性。但由于他们的社会经验相对不足，心理状态相对不稳，在行为目标、方式的选择和行为效果的评价上，缺乏深思熟虑和预测能力，因此，其行为具有一定的盲目性，会出现行为动机与行为效果相脱节的状况，一方面体现为行为自主性强；另一方面又可表现为行为效率低下。

3. 理性性和多样性并存

大学生作为受过完全中等教育的青年个体，十分注重个人行为的社会评价，善于对个人行为进行理性分析，他们希望把个人动机与社会要求有机统一，办事力求合情合理，但是，由于青年大学生的需要多层次发展，缺乏稳定的动机结构，情绪两极性强，而意志力又相对较弱，思想行为具有突发性、随机性和多变性的特点，行为变化频率超出正常值。他们的多样性表现为：①易受周边环境影响，中断行为过程；②他们兴趣转移快，行为彻底；③心理状态不稳定，一旦出现认知偏差，容易出现独来独往、我行我素的不合群行为；④行为方式多样，较难预测把握。

4. 开拓性和超现实性并存

大学生知识丰富，思想解放，思维敏捷，且好奇心强，善于接受新事物，不愿墨守成规，喜欢标新立异，在行为表现上敢于冒险，勇于探索，有较强的开拓性。但是，由于他们在自我评价的准确性和社会实践经验的有限性，其行为又往往具有超现实性的特征。具体表明为：①对社会复杂性认识不足，行为目的与效果背离；②行为动机高尚，行为能力有限，心有余而力不足；③自我评价过高，人生目标设计理想化。

大学生行为特点的两重性，是我们辩证认识大学生行为特点与规律的出发点。一方面，大学生面对这些矛盾会产生焦虑和苦恼；另一方面，也促进大学生不断寻求方法，调节矛盾，解决问题，以获得矛盾的统一和自身全面的发展。一般来说，抱负越高的人，对自己要求严的人，自我意识的矛盾也就越明显，大学生管理者要善于引导大学生，积极发挥能动性，正确处理各种矛盾，促进行为的正反馈。

（二）当代大学生行为特点

当代大学生，适逢改革开放的年代，国家发展欣欣向荣，为当代大学生的成长提供可贵的机遇。同时，转型社会、网络时代的冲击，又向他们提出了挑战。在中国发展这一特殊的社会历史条件下，大学生的行为呈现了多重性、复杂性、不稳定性的特点。值得欣喜的是，当代大学生在不断克服自身个性弱点的基础上，积极完善自我，促进自身的全面发展，在重大历史事件的考验下，当代大学生体现担当、责任、参与意识，体现了当代青年朝气蓬勃、积极进取的精神风貌，体现了国家和民族的期望和未来所在。当代大学生的行为体现出以下几个鲜明的特征。

1. 对主流意识形态认同度高，有强烈的社会责任感及公民参与意识

当代大学生亲历中国经济持续稳定增长、国际社会地位不断提升、人民生活水平不断提高的时代，使他们高度认同有中国特色的社会主义理论与实践，认同科教兴国、和谐社会、可持续发展等治国方略。在政治信仰上自觉以中国特色社会主义信念为理性的选择，对国家和民族未来前途与命运的归属感和认同感显著增强，社会责任感显著增强。

2. 成才愿望强烈，竞争意识显著，注重职业生涯规划

大学生是青年社会化的准备期，行为的目的性是大学生行为的重要标志之一。改革开放以来，随着社会主义市场经济体制的逐步确立，开拓与创新、竞争与合作、公平与效率的观念深入人心，大学生日益强调自主意识、平等意识、竞争意识、效率意识、成才意识，为适应社会发展需要而努力成才的目标指向鲜明。需要产生动机，动机支配行为，行

为的结果满足需要。大学生的行为表现，源于大学生的需要驱动。学习动机强烈、成才愿望强烈、竞争意识强烈反映了大学生强烈的成才需要，成了大学生职业发展的内驱力。

开放、竞争、独立、创新的成才标杆，对人生的美好憧憬，使大学生在入学之初，就以就业、升学或出国深造为目标指向规划未来，这种目的性需求的指向和归结，引导和规定了大学生的行为方向，使他们具有强烈的自我实现的愿望。职业生涯规划就是大学生求得自我实现的最主要途径之一是大学生职业规划意识增强的主观因素。对大学生知识价值目标量表的研究成果显示，大学生最看重知识对于自我发展的作用；其次是审美的作用；再次是情感、品德；最不看重的是世界和平。可见，当今大学生择业首先考虑的是职业能否为自己提供良好的职业发展前景，能否为发掘自身的潜能、实现自我价值提供机会。随着高等教育从精英教育到大众教育的转型，就业竞争日趋激烈成为大学生逐渐提高职业规划意识的客观因素。

3. 主体意识强，参与和平等意识强，人际交往愿望强烈

市场经济的客观影响、网络社会的来临和青年期成长特点，使大学生主体意识空前增强，不仅关注外表、行为的外在因素，而且更关注自己的性格、智力、人际交往能力、组织能力等内在因素。在学习上崇尚为我而学，强调对知识和学习的自主性；在个性上要求独立，要求摆脱对他人的依附、对规则的束缚，要求独立表达自己的见解，对事物的评价倾向于批评和怀疑的态度；渴望尊重和平等，渴望获得老师、父母、同学的认同，渴望与周围的人群建立良好的人际关系。

大学生人际交往以强调合作、互利和追求共同理想为主流，一项大学生人际交往目的性研究表明，大学生与同性朋友的交往是利己的（自我完善、功利）和互利的（互助、友情）；与异性朋友的交往目的比较复杂，有利己的（自我完善），也有利他的（自我奉献、侠义、仗义疏财），还有互利的（互助）；与教师交往的目的主要是利己的（自我完善、自我防卫）和利他的（侠义），利他的成分比较少；与父母交往的目的以相互理解、相互爱护为主，功利的成分比较少。单玉华等的一项研究认为，跨世纪青年的友谊观有了很大的变化，在交友目的方面，50%的青年选择了"严于律己，宽以待人"，其他依次选择了"与人方便，自己方便""害人之心不可有，防人之心不可无"，只有4%的青年选择了"宁可我负天下人，不可天下人负我"。

4. 行为选择日趋务实，实践能力有待提高

经济一体化、文化多样化、价值多元化的时代特征，使当代大学生的价值取向日趋

多样化。一方面，他们既对集体主义价值观有较高的认同度，又对个人主义价值观有一定的接纳度；另一方面，市场经济求利原则和社会竞争压力的增大，他们对自我发展的忧患意识增强，在行为选择上趋于务实，在价值取向上呈现出更多的实用主义色彩。一些大学生呈现出知行脱离现象，集体意识出现了淡化的倾向，即思想观念上认可集体主义价值观，但在实践上却不内化为自身的行动，体现出一定的个人主义倾向，不同程度地存在着关心集体、建设集体的热情下降，集体归属感和凝聚力降低，注重奉献和索取的平衡等状况，个别学生还出现了追求实惠、强调个人私利的个人本位取向。

基于学校教育教学改革渐进性与发展不平衡的影响，当代大学生的实践能力、创新能力缺少系统发展的机制，大学生只能依靠个体实践活动的途径完成自我能力的塑造。实践活动是大学生自主性学习、探究性学习、创新性学习的主要方式，也是素质教育的主要内容，实践能力的弱化，不仅与社会发展的要求不匹配，而且与大学生强烈的成长、成才需要不适应。根据大学生行为的发生发展规律，有的放矢地开展多渠道的实践活动，促进实践型、创新型人才的培养，使当今大学教育的重要任务。

第二章

思想政治教育工作实施的理论基础

高校思想政治教育的不断发展，不仅仅遵循道德思想的指导，还需要不断加强对中外经典教育家关于思想政治教育内容的吸收，在此基础上，对国外的一些有益的思想政治教育方法进行借鉴，并对相关学科重要的方法与成果进行吸收。只有这样，高校思想政治教育才会在新时代背景下有新的发展。

党的思想是高校思想政治教育的方向，统筹指导高校思想政治教育的开展活动；中国教育家关于思想政治教育的传统思想是一直以来进行思想政治教育的理论源头，西方的教育思想对于当代开展高校的思想政治教育具有重要的借鉴意义；西方的思想政治教育理论对我国的思想政治教育方式、方法都有重要的作用，对西方的思想政治教育理论进行吸收借鉴，可以完善丰富高校思想政治教育内容，同时对其他学科的理论成果进行经验借鉴与方法吸收，是开展高校思想政治教育工作必不可少的环节。

第一节　党的思想对高校思想政治教育工作的指导

党的思想作为高校思想政治教育的指导力量，深刻影响着高校思想政治教育的进程与成果。马克思主义关于人的全面发展的理论、关于人和社会关系的理论都是高校思想政治教育科学发展的指导性理论，了解并熟悉这些理论对于发展丰富当代思想政治教育具有重要的现实意义。

一、人的全面发展的理论对高校思想政治的指导

（一）马克思关于人的全面发展理论的内容

1. 人的全面发展是指人的多重需要的极大满足

在马克思看来，正是人的需要的发展和需要的不断满足推动着人类和人类社会的文明进步。人的需要是人的意识活动及其他各方面行为活动的内在动力。人的需要是多样的和多层次的，不仅有物质需要，还有精神需要，精神需要中又有发展需要、自我实现的需要等。人们总是在旧的需要得以满足的基础上产生新的需要，从而推动各项事业的发展。所以，马克思指出，人的需要的发展证明了人的本质力量和人的本质的充实。人的需要具有层次性，需要形式的日渐多样，以及需要的不断得以满足，推动着人的全面发展，进而推动人类社会的全面进步。

2. 人的全面发展是指劳动能力的逐步提高

马克思在《1844年经济学哲学手稿》中指出：劳动这种生命活动、这种生产生活本身对人来说不过是满足他的需要即维持肉体生存的需要的手段。而生产生活就是类生活。这是产生生命的生活。一个种的全部特性、种的类特性就在于生命活动的性质，而人的类特性恰恰就是自由的有意识的活动。生活本身仅仅成为生活的手段。由此可以看出，人的类特性就在于自由自觉性。劳动，作为人的根本实践活动，创造了人，也造就了人的类本质。

因此，劳动能力的强弱和劳动水平的高低，直接决定并且反映着人的自由自觉性的发展程度，劳动能力的全面发展，成为人的自由全面发展的根本。

3. 人的全面发展是指人的独立个性的自由发展

马克思关于人的发展分三个重要的阶段：第一阶段是人对人的依赖，在错综复杂的人际关系中，人的个性逐渐被淹没；第二阶段是人对物的依赖，在这一基础上，人的独立性才能有所发展，人的个性才能有所表现；第三阶段是自由个性的阶段，这一阶段，生产力高度发展，社会财富也得到空前丰富，人们注重追求个性的自由发展。这一阶段也被称为"自由人的联合体"阶段，人的个性自由发展的程度是一个人全面发展的综合体现。人的全面发展，最基础的体现就是人的个性的自由全面发展，而人的个性的自由全面发展的程度，代表了人的全面发展的优劣。

4. 人的全面发展是指人的社会关系的不断丰富

人的本质属性是社会性。人是处于社会关系中的人。人的发展与其社会关系紧密相连。马克思在《关于费尔巴哈的提纲》中指出：人的本质不是单个人所固有的抽象物，在其现实性上，它是一切社会关系的总和。人总是社会的人，总是在一定的社会关系中生存和发展。任何一个人的能力的形成、发展和完善，都离不开特定的社会关系。人的社会关系的发展，是个人形成的社会关系日益普遍化、全面化的过程。每个人都有自己的社会圈，每个人每天都在同他人交往着，只有在同他人交往的过程中，人才能发展，所以，个人的发展通常取决于与他发生交往的人。一个人进行社会交往的程度越深，他所属的社会关系也就越复杂越丰富，他的视野也会越开阔，获取的知识、信息、技能以及经验也就越多，能力发展越快，他的进步也就越迅速、越全面。

（二）马克思主义关于人的全面发展的理论对高校思想政治教育的启示

马克思关于人的全面发展的理论为高校思想政治教育提供了科学的理论依据。可以这样讲，马克思主义关于人的全面发展的理论为新时期我们重新审视高校思想政治教育提供了一个新的视野，是高校思想政治教育的科学指南。马克思关于人的全面的发展的理论是培养大学生实践能力的符合人的社会关系的全面丰富理论，高校思想政治教育要促进人的全面发展，就要通过社会实践促使大学生在实践中培养和发展正确的世界观、人生观、价值观，使他们在这个过程培养并发展自身的意志、性格和品质，锻炼自己的身心，增强体魄，培养健康向上的心理状态。人的需要的充分发展是实现人的全面发展的前提，高校思想政治教育工作只有自觉地围绕学生的这种需要来展开，才具有说服力和吸引力，才会引起学生的共鸣，使大学生自觉地将思想道德素质的提升内化为自己的需要，自觉自愿地加入思想政治教育的活动中来，接受教育和锻炼。所以，高校思想政治教育必须树立为大学生素质拓展服务的意识，为大学生素质教育服务，通过素质拓展活动来培养学生多方面的能力，使他们成为全面发展的人才。

二、人与社会关系的理论对高校思想政治教育的指导

（一）马克思关于人和社会关系理论的内容

对于人与社会的关系这一问题，马克思给出了自己的解释。其内涵主要包括以下两点。

1. 社会是人的社会

马克思认为，社会是人的社会，没有人，社会也就不可能存在。社会的形成伴随着人的发展。人和社会之间存在互为基础、互为结果的关系。如果将社会看作一个复杂的有机体，那么社会的产生、构成及发展过程中存在的有机性完全是根源于人的有机性，是因为社会是人存在和发展的载体，因此，社会才具有有机性。因此，在任何社会的关系中还存在一个社会历史前提的问题。

马克思在创立唯物史观的时候提出，唯物史观必须从"现实的个人"出发研究人的本质以及人和社会的关系。这是因为，历史存在的前提是有生命的人的存在，因此要首先确定"肉体组织"的存在，然后再讨论受到肉体组织制约的人与社会的关系。

马克思认为，"现实的人"一定是处于一定社会历史条件中的，并且存在于一定的社会关系中。一方面，无论是何种形态、何种形式的社会，其都是人的交互作用的结果；而社会的主体只能是人，但是这些人是存在于一定的相互关系之中的，也就是说，社会其实就是处于社会关系中的人本身。人处于的社会关系主要包括生产关系、家庭关系、阶级关系、政治关系、交换关系，等等。这些关系的主体是个人，同时这些关系也是在个人的相互作用下产生的。因此，马克思得出结论：人是什么样，社会就会是什么样。从这个角度分析，我们不难理解，马克思定义下的"现实的人"并不仅仅是人这个个体，而是存在于一定社会关系中的人。同时，社会历史也不是别的事物的历史，而是由处于社会关系中的"现实的人"在生产和交往活动中创造出来的历史。

2. 人是社会的人

马克思认为，人是社会中的人。马克思将社会看作人存在的形式和载体，而他认为仅仅具备物质结构和功能的生命个体不能算作真正的人，真正的人是现实的人，是存在于社会关系中的人，因此，人与社会是无法分离的，只有存在在一定社会关系中并和其他人发生关联的时候，人才是真正的人。人无法脱离社会孤立地存在。

人是社会的存在物。人类存在的本质实际上是社会生存。作为社会的存在物，人的生命表现，无论是否是与他人一同完成的，都是社会生活的体现。社会和个人不是对立存在的，人是社会整体中的一部分，人的个人生活方式无论是表现出其独特的个性，还是表现出一类群体的共性，在本质上都是社会生活的重要体现。

人和人的生产能力都是单方面的，但是为了满足自己多方面的需求，个人就需要和其他人进行分工合作，实现生产交换和互补，从而实现满足个人需求的目的。从这个角度上不难看出，个人只有通过在社会关系中同他人建立联系才能获得生存和发展。

表面上看，每个人都是独立存在的个体，但是人的本质还是社会的，人并不是抽象地存在于世界之外的事物，而是构成国家、世界的元素，本质上就是国家，就是社会。除了物质生产之外，人的脑力劳动也科学研究从本质上看也是社会的活动，这是因为我们进行脑力劳动、开展科学研究所需要的材料和条件都是社会提供的。因此，人是社会的人。

（二）马克思关于人和社会关系理论对高校思想政治教育的启示

高校思想政治教育的根本目标是帮助大学生提高自身认识世界、改造世界的能力，而人是社会的人，人是唯一以社会行为自身基础和根本特色的存在物，人总是在一定的社会关系中存在和发展的，人的内在全面丰富的本质只有在社会关系中才能得到表现和实现，马克思认为，社会关系实际上决定着一个人能够发展到什么程度，一个人的发展取决于和他直接联系或间接交往的其他一切人的发展……发展不断地进行着，单个人的历史决不能脱离他这种发展正是取决于个人之间的联系。只有人的社会关系得到高度的丰富和发展，处于社会关系中的人才会实现自身的全面发展，高校思想政治教育也才能取得进一步的成效。

三、关于人的本质的理论对高校思想政治教育的指导

（一）马克思主义关于人的本质理论的内容

马克思主义关于人的本质的理论研究，是在大量的实践基础上总结出来的，在马克思看来，人的本质有以下两方面的含义，一是区别与动物的本质属性；还有一层含义是人的本质特性决定了人的现实存在，进而产生人的种种特征。

马克思认为，人的自我产生是一个缓慢发生的过程，是从潜在的人到现实的人的过程，劳动是人们进行谋生进行生存的手段，正是在劳动的过程中，人们的意识、语言以及社会性产生了，可以说，是劳动产生了人。人们的自由自觉性和意识也正是在劳动的过程中证实并产生的。人要想在社会中生存下去，就必须进行物质资料的生产活动，也正是在物质资料的生产过程中，人的物质生活诞生了。

马克思认为，人性是有理想和现实之分的，人的本质就其本来的意义来说，不能说它具有理想的本质，只能够说明它本身包含理想与现实的因素。马克思认为，理想的人性是对动物性和非人性的一种否定，强调了人的个性和主体性，人的这些类特征是通过人的道德精神表现出来的，有利于个人的一系列优秀品质与完美特性。这种人性不是从现实出

发，规定的也并非人性的现实状况，是一种对美好人性的向往是一种被精神净化和美化了的人性范畴。

（二）马克思主义关于人的本质理论对于高校思想政治教育的启示

马克思关于人的本质的理论，最主要的还是以人为本。以人为本对人类社会活动的各个领域普遍有效，但具体表现形式各不相同，因而它必须同各个领域的实际情况结合起来。以人为本在高校思想政治教育领域的本质要求，强调要突出人的发展。人是教育的出发点，也是教育的归宿；人是教育的中心，也是教育的目的；人是教育的基础，也是教育的根本。这要求我们在进行高校思想政治教育时，要时刻注意"以人为本"，要因材施教，要具体情况具体分析，要不断提高大学生在思想政治教育过程中的主体地位，尊重他们的思想，重视他们的观点，用他们喜欢的方式，用他们能够接受的方法来展开思想政治教育。

第二节　中外经典思想政治教育思想的借鉴吸收

不同时代不同国家的教育家们结合自身的哲学思想，在思想道德理论研究与实践领域进行着不懈的探索，形成了各具特色的道德教育思想，构成了蕴藏丰富的道德教育思想宝库，在不同程度上指导着高校思想政治教育的实践效果。

一、我国教育思想家关于思想政治教育的理论成果阐述

（一）我国早期关于思想政治教育的主要流派

殷商时期，奴隶主阶级为了巩固自己的统治，开始以理论的形式研究道德现象。周公创立的以"孝"为核心的宗法政治伦理思想体系，对我国之后"孝"道文化的发展起到奠基作用，周公所创立的"孝"文化的核心是"父慈、子孝、兄友、弟恭"，以此为基础还提出了"修德配命""敬德保民"的德政要求。

春秋战国是我国历史上最为动荡的一个历史时期，正是这种动荡孕育了伟大的社会

变革，促成了我国文化、科技以及哲学思想的"大繁荣""百家争鸣"的文化盛况在今后的历史中再也没有出现过。

1. 儒家思想

儒家的创始人孔子，因为大部分儒家思想都是以孔子的理论认识为基础发展形成的，并且孔子的学说奠定了封建地主阶级伦理学的基础。孔子的思想以"仁"为核心，经过其弟子与后人的传承与发展，成了封建阶级进行统治的理论基础，并逐渐成为我国传统文化的重要组成部分。孟轲和荀况是儒家思想的集成、发扬者，他们在研究了孔子基础理论之后，从新的角度对孔子的思想进行了阐述，完善了儒家思想。先秦儒家思想以仁为核心，主张德治，缺点是过分夸大道德的作用，但是它在道德规范、道德范畴、善恶评价、道德修养等问题上的论述至今对我们仍然有启发意义。

2. 墨家思想

墨家思想是先秦时期重要的一个思想流派，它的创立者是墨子，墨家思想主张是维护小生产者，特别是小手工业者和平民的利益，墨家思想的核心是"兼爱"：与"非攻"。不同于传统的宗亲礼法制度，墨子主张废除亲疏有别的宗法道德，并提出社会交往应主张以利人为根本，这一主张体现出了墨家思想贵义尚利的功利主义特点。

3. 道家思想

道家学派以老子、庄子为代表，与儒家、墨家不同的是，他们主张效法自然，强调避世，反对世俗的道德规范和道德原则，采取了脱离人类社会生活的非道德主义态度。当然，道家超世脱俗的人生追求对后世也产生了较大的影响。

4. 法家思想

法家思想曾一度成为封建社会的统治思想，从特点上看，法家思想可以为前期和后期。前期法家在提倡以法治国的同时，还要坚持德治，这一时期法家思想的代表人物是管子；后期法家的代表人物是韩非子，他的主张比较激进，如"以法代德"，其实质就是否定道德在社会生活中的作用。

先秦时期的道德伦理思想是中国传统道德的奠基时代。这一时期的思想家特别是儒家学派的道德思想一直是后来道德学家伦理思想的出发点和前提条件，以至使儒家伦理思想发展完善成为在封建社会统治阶级中占据主导地位的道德学说。

（二）以时间为轴对众多思想家的道德教育思想进行剖析

1. 孔子的道德教育思想

孔子的道德教育思想在我国思想发展史上有着重要的地位，"有教无类"的教育思想始终闪耀着灿烂光辉。在教育理论和教育实践中，孔子将道德教育作为教育的基础，主张"德教为先、教而后刑"，并以此为基础构建出"仁德"学说。总体来说，孔子的道德教育思想主要包括以下三方面。

（1）德教为先、教而后刑。

孔子提出了一系列关于道德修养，修身成人的理论，可见，圣人孔子非常重视人的道德素质的培养，他将"修身"置于"立命"之上，认为成为君子才是人的人生意义和追求。孔子认为，"君子怀德"，即一个人要成为贤者、君子，首先必须应具有高尚的道德品质，道德教育是教育之"本"，相对于知识教育，道德教育显得更为重要，应放在第一位。

在教育实践中，孔子提出了具体的培养目标和道德教育的任务，那就是培养"仁智统一"而"内圣外王"的圣贤人格，这就是孔子理想的人格构建，也就是将人塑造为"圣人""贤人""志士""仁人""君子"等。其中，"圣人"居于最高层次；"君子"居于较低层次。

孔子对君子的道德标准具体可归纳为以下五方面：君子必须具备"仁德"；君子和而不同；君子"达"而"闻"；君子自己要行为端正；君子要"修己""安人""安百姓"。

（2）仁德学说、知情意行。

孔子为了实现"道之以德"，在道德教育内容方面进行了总体设计，创造性地提出了仁德学说，并认为"仁"是最高德目，只有符合"仁"的行为才是道德的行为。孔子的仁德学说是以"仁"为核心内容的道德教育体系，"仁"是众德之总，其心理内容是"爱人"，其基本要求是"义"与"礼"，其践行纲要是"孝悌"。

"仁"的核心是"爱人"。孔子认为，仁者爱人，有仁德的人对别人要富于爱心，所爱之人不仅包括自己的亲人，而且也包括非亲非故的其他人，即要"泛爱众"。

"义"与"礼"是"仁"的基本要求。"义"与"礼"都是仅次于"仁"的重要德目。孔子曰："君子义以为质，礼以行之。"从孔子关于"礼""义"的言论中可以看到，"义"是君子应具备的内在素质，"义"的实行要通过"礼"的约束。所以，实现了"礼"，方能谈"义"，这样才可以成"仁"。最终成"人"。修炼为君子。

"孝悌"是"仁"的践行纲要。在孔子看来，只有先做好孝敬父母、友爱兄弟，然后才有可能关爱他人。

孔子认识到道德品质的形成和培养具有过程性，需要经历知、情、意、行四个相互联系的阶段。

知为先。孔子把道德认知看作道德教育的基础，提出"未知，焉得仁？"孔子认为知是实现"仁"的条件。他认为道德是"知"，"有德者必有言"，要求学生"知德""知仁""学道""适道"。

情其后。孔子认为道德情感是伴随道德认知过程而产生的一种内心体验。孔子特别重视从改变情绪和陶冶精神人手来激发学生的道德情感。

立志有恒。孔子极其重视道德意志的培养，认为志向、信念、恒心直接关系到道德行为的生成和持久。他提出"三军可夺帅也，匹夫不可夺志也。"

行比言重要。孔子认为行重于言，格外注重学生道德行为的训练和道德习惯的养成。孔子强调"行"是一切道德认知和道德情感信念的依归和最终指向，是道德教育的最终目标，也是道德教育对象道德形成的最高表现。

（3）修身为本、因材施教。

孔子在教育学生的实践过程中，非常注意自己的言行。孔子说："其身正，不令而行；其身不正，虽令不从。""苟正其身矣，于从政乎何有？不能正其身，如正人何？"从这话语中我们可以看出孔子主张教学要以身作则并不是说给人听的，而是要切践行的。"君子之德风。小人之德草，草上之风，必偃。"孔子强调榜样的示范作用是无可替代的，身教永远重于言教。

孔子认为，身教大于言传，想要对学生的行为进行引导，老师自身的修养也十分重要。围绕这一主张，孔子提出了一系列的修身方法，主要有以下几个。

第一，学思并重。在修身中，"学"和"思"是孔子十分注重的两个方面，他主张应该将"学"与"思"结合起来，如，"学而不思则罔，思而不学则殆"，只有二者并用才能达到良好的修身效果。

第二，克己与内省。反省是一个自我提升的内在过程，也是一种道德体验，作为道德生活的参与者，自然会不可避免的体验生活中的道德现象与道德行为，并且会对道德生活产生一定的感悟。孔子十分重视道德主体心性修养，而这种修养主要通过反省内求实现的，并且只有通过自我努力才能形成道德修养提升的内在推动力。

第三，推己及人。孔子在道德教育中提倡忠恕之道，即尽己之心以待人和推己之心以及人，所谓"己欲立而立人，己欲达而达人"。人心是相同的，己所不欲，勿施于人。

第四，慎言而敏行。孔子指出，"敏于事而慎于言""讷于言而敏于行"，以至"言中伦，行中虑"。孔子教育人们要少说空话，多干实事，努力将道德行为准则付诸实践。

孔子因材施教的主张主要有两层含义：第一是针对不同的教育对象注入不同的教育内容；第二是针对不同的教育对象，施行不同的道德教育。每个人的个性、经历以及对知识的敏感程度都不相同，不同性格以及智力水平的人需要不同的教学方法才能获得良好的效果。

孔子认为，诗歌、音乐等对人有陶冶情操的作用。所以，孔子提倡用诗歌、音乐来陶冶学生的性情，认为艺术与精神是相互影响的，诗歌、音乐对人精神的丰富和品格的形成、完善具有寓教于乐的教化作用，如，他指出："兴于诗，立于礼，成于乐。"

孔子反对单纯说教的教育方法，他认为只有激发学生的学习欲望才能让他们真正学到知识。孔子主张采用启发诱导，循循善诱的方法，强调"不愤不启，不悱不发，举一隅不以三隅反，则不复也"。

启发诱导反映到现代教育实践中也具有很高的应用价值，在教学过程中避免"填鸭式"的内容灌输，而是通过学习内同的趣味性、教学手段的合理应用以及对学生心理特点的把握，引导其形成道德认知，发展道德情感，激发其内在的学习自省动力，养成道德行为。

2. 董仲舒的"独尊儒术"思想道德教育思想

秦汉时期，我国的传统道德思想领域"百家争鸣"的局面结束，儒家思想赢得了统治者的青睐，成了地位最高、影响最大思想学说。秦王朝建立以后，统治者吸取了法家"专任刑法"的法治思想，以严刑峻法维护统治，巩固政权，结果被农民大起义所推翻，统一局面仅仅维持了 15 年。

取秦而代之的汉王朝代意识到严刑峻法不是巩固统治的良药，而将道德、教化作为统治民众、稳定社会的基础，因此儒家思想开始逐渐进入统治者的视野，并成了封建社会的统治思想。西汉初期出于恢复民力，休养生息的目的，汉朝的统治者推崇"无为而治"道家学说，在这个政策的执行下，社会状况逐渐变好，汉武帝开始采用董仲舒"罢黜百家，独尊儒术"的建议，正式将儒家思想奉为至尊，从此决定了我国封建社会几千年来的统治思想。儒家伦理思想独尊地位的确立，适应了时代的需求，也符合统治者的统治意愿，因为儒家思想为大一统统治提供了足够的道义上的支持，这也是历代统治者最都尊崇儒家思想的根本原因。

董仲舒的儒家思想并不是单纯的儒学思想，而是以先秦时期孔孟的主要思想和理论为基础，并吸收道家、法家、阴阳五行学说以及神学思想形成的一种带有目的性的思想理论。董仲舒曾说："王者欲有所为，宜求其端于天。天道之大者在阴阳。阳为德，阴为刑；刑主杀而德主生……以此见天之任德不任刑也。"在这里，董仲舒用"天道"推演"人道"，把仁政德治作为王道政治的根本原则。儒家思想将帝王作为上天神圣统治的代言人，"合理合法"的确认了封建君主的统治地位。才爱，董仲舒还提出的"三纲五常"的思想，这也成为自汉朝以来我国道德教育的中心内容，他的"重义轻利""以仁安人，以义正我"和"必仁且智"的道德教育心理学思想成为个体道德修养的基本原则和方法。

从儒家思想产生以来，两汉的统治者经过实践将儒家思想奉为统治的宗旨，而在具体实践中又看到儒家思想对维护封建统治的教化作用，才极力推崇儒家思想。在封建社会的中国，上至王公贵族，下至平民百姓，儒家的道德思想都紧紧束缚着人们的道德思维，规范着人们的行为举止。

儒学伦理思想作为封建统治阶级正统道德理论，在社会生活中发挥其独尊的作用。

3. 范缜的"无神论"思想道德教育思想

魏晋时期社会局势比较混乱，只有更好地控制人们的思想才能保证统治的稳定性，出于这一考虑统治者开始利用宗教文化来稳定臣民、发动战争。另外，统治者之所以推崇名教还有一个重要的原因，即通过名教来为统治阶级放荡不羁、荒淫无度的腐朽生活方式作辩护。随着当时中国社会的经济转移、民族融合、文化交流和教育变革，适合封建门阀士族通知需要的"玄学"思想开始出现，他们以"三玄"，即《老子》《庄子》《周易》为主要研究对象，在伦理道德方面主要是论证"名教"与"自然"的统一。

魏晋玄学的盛行，玄学的传播依赖于当时的佛教，玄学与佛教有着密切的关系。佛教宣扬因果报应，转世轮回，主张"出世"，超脱现实，提倡修行成佛，今世的苦难是为下一世的福荫。大乘空宗的佛学思想与道家玄学思想类似，因此，许多佛教徒借助玄学传播佛教。同时，门阀士族为了巩固其统治和愚化百姓的需要，大力推崇佛教，因此这一时期佛教得到了迅速的发展，成了一股重要的宗教力量。

这一时期也出现了以范缜为代表的无神论者，他们从形神关系入手对佛学思想的理论基础神不灭论进行了批判。而且由于佛教与儒家伦理道德的格格不入，也引发了佛教与儒家礼教纲常的矛盾，产生了儒家的世俗道德与佛教的宗教道德之间的斗争。为此，佛教也力争调和儒佛，强调佛教教义、佛教的人生哲学与儒家伦理道德的一致性和互补性。总之，魏晋时期随着玄风的盛行、佛教传播，在伦理思想上出现了儒道释三家既相互斗争又彼此吸收的复杂格局。这种状况也直接影响了隋唐时期的伦理思想。

4. 王阳明的"知行合一"思想道德教育思想

宋代开始以后，中国封建社会进入了后期发展阶段，社会矛盾较为尖锐和复杂。统治者为了强化自己的统治，缓和各种社会矛盾，极力维护封建道德纲常，原有的思想已经很难维护矛盾丛生的封建统治，因此理学伦理思想应运而生。

从基本立场上说，理学使儒家伦理思想获得了完备的理论形态，并以其新的形式重新取得了"独尊"地位。理学本宗孔孟儒学的立场，以继承儒家传统为出发点，同时又吸收佛、道思想，在道德的本原、人性论、理欲观、理想人格的培养等方面，集儒、佛、道于一体，以"理"为最高范畴，以"存天理、灭人欲"为基本纲领，形成了更系统更精致的封建伦理思想体系，也使儒家伦理思想的发展达到了最高阶段。"存天理，灭人欲"是理学各派别的共同思想纲领，其目的是以禁欲主义的思想强化封建礼教，反对农民阶级的"均贫富"的要求，维护封建纲常伦理制度。"存理灭欲"是理学伦理思想所推崇的理想人格标准，朱熹认为要通过"居敬穷理"的学者工夫，使用"学、问、思、辨"、知先行后的方法，而达到格物致知。

知行是合一，还是相互联系的两个不同方面？中国历史上有过一番讨论。明代王阳明在批评"知先行后"时，提出了"知行合一"说。他提出："知者行之始，行者知之成"，"知之真切笃实处，便是行；行之明觉精察处，便是知。知行功夫本不可离。只为后世学者分作两截，失却知行本体，故有合一并进之说。"这种学说突出了知与行的统一关系，这种统一关系在伦理学上具有十分重要的价值，因为道德虽然是意识形态上的东西，但是道德如果得不到实践就是去了其应有的作用，所以道德也是知行统一的统一体。

但是，王阳明的"知行合一"说在真理的基础之上继续向前了一步，"真理向前一步往往是谬论"，他的"一念发动处，便即是行了"的观点体现了唯心主义，实际上变成对行的否定，陷入了谬误。后来的王廷相、吴延翰、吕坤等人从重视实践的角度出发，对他的理论进行了批评。特别是王夫之，一方面肯定了"知行合一"学说的合理因素，指出"知能同功而成德业""知行始终不相离"；另一方面也尖锐地批评了"知行合一"说，指出其错误在于不懂得知与行的统一。王夫之认为，"知有不统行，而行必统知"，认为行比知更重要。这些观点虽然有些是错误的，但是对于知与行问题的讨论在当时达到了中国古代对知行关系认识的最高峰。

二、西方教育家关于思想政治教育的理论成果汇析

（一）西方近代教育思想

1. 洛克的道德教育思想

约翰·洛克是英国近代史上最重要的一位哲学家、政治家和教育家，他奠定了英国近代教育的思想基础。约翰·洛克认为，真正的绅士具备"德行、智慧、礼仪和学问"四种精神品质。

（1）洛克绅士教育的理论基础和内容。

根据绅士教育的目的，洛克主张从德智体三个方面系统对绅士进行教育。

首先是体育，因为一个健康的身体是绅士从事工作、帮助别人的基础。

其次是道德教育，因为良好的德行是绅士的灵魂，任何一个不具备高尚品德的都不可能成为绅士。

最后是智育，知识不是成为一个绅士最重要的条件，但是绅士需要知识来提高自己、充实自己。

另外，洛克主张在德行教育方面应该严格克制自己的言行，使其符合社会的规范；礼仪是人德性的外表，也是人与人相处的基本行为准则。

（2）洛克绅士道德教育思想的原则和方法。

在道德教育的原则和方法上，洛克提出了以下几点理论。

第一，道德教育应顺应自然和理性约束。教育要符合儿童"心性"，根据其特点因材施教，才外用理性约束儿童的行为，保证其长大之后能遵守社会法则。

第二，道德教育应及早实践，及早训练。幼时，儿童未接受任何的知识，心智未开，最容易接受基本的道德原则，而且会受益终身。

第三，道德教育应宽严有度和奖罚得当。洛克认为对孩子既要亲近又要让他有所敬畏，宽严结合且有度，才能使其遵守规范。

第四，道德教育应该综合运用说理、习惯养成与榜样教育的方法。人是理性的动物，说理是对待人们尤其是对待青少年的真正办法，也是解决问题最好的途径。

2. 卢梭的道德教育思想

让-雅克·卢梭是自然教育思想的主要代表人物，主张教育应适应自然，代表着当时字长阶级的基本利益，卢梭道德教育思想的主要观点有以下几个。

第一，自然教育原则是卢梭道德教育思想的基本法则，虽然自然的教育难以实现，那么要最大可能保证教育在自然的环境中实施。

第二，自然教育分期理论，即根据学生的成长将学生的学习分为不同的时期，根据学生每个时期的年两和特性，利用科学的教育方式顺应他们的天性发展。

3. 边沁、穆勒的道德教育思想

边沁、穆勒时期的道德教育思想带有明显的功利主义色彩，他们视功利主义为调节人际关系的最佳理论，绝大多数人认可并接受功利主义道德观。

功利主义道德观之所以被资本主义社会普遍接受，是因为该派理论学说的核心是效用原则，讲求功用和效益。边沁和穆勒等功利主义道德理论代表人物，虽然在一些观点上存在分歧，但是他们都坚持一个基本原则，就是应该从行为的后果来评价一个人行为正当与否，分辨行为后果的好坏、是非、善恶的。

功利主义道德观在资本主义社会受到欢迎的根本原因是这派理论与资本主义的个人价值观取向、私人利益不可侵犯等原则相一致。但是，边沁、穆勒时期的功利主义也屡遭攻击和责备，因为当自己与别人的幸福发生碰撞时，人们往往会为了自己的幸福而去伤害或毁灭别人的幸福。

4. 涂尔干的道德教育思想

埃米尔·涂尔干是功能主义教育思想的主要代表人物。他第一个把道德作为社会现实，用社会学的研究方法来研究道德，把世俗道德从宗教道德中分离出来。涂尔干主要道德教育思想主要包括以下几点。

第一，涂尔干提出了道德三要素理论，即，世俗道德是由纪律精神、牺牲精神（对社会群体的依恋）和知性精神（自主或自决）三个要素组成的。

第二，道德教育的日的是帮助儿童吸收道德三要素，引导儿童初步建立起他们的世界观和价值观。

第三，道德教育和道德教学、道德现实与道德理想有着比较大的内部差异，在教学过程中应该对这几个概念进行区分。

（二）西方现代教育思想

1. 赫尔巴特的道德教育思想

赫尔巴特关于教育最出名的著作就是他的《普通教育学》，他的另一本著作中也有关于道德教育思想的具体论述，那就是《论世界的美的启示为教育的主要工作》，这两本著作对后世道德教育教育产生了很大影响。在这两本著作中，赫尔巴特将全部教育内容归纳成五个主要部分，即内心自由的观念、完善的观念、仁慈的观念、正义的观念、公平的观念。当然，关于这五个主要部分，他还进行了具体的解释：

内心自由的观念是指一个人的理性、意志和行动应协调一致，意志与行动应受制于自己内心的理性判断，不应受任何外部因素的干扰。赫尔巴特认为，如果一个人的道德行为总是迎合外部的压力，那么这个人必定是个弱者。但是每个人的内心常常出现矛盾和斗争，使人的理性、意志和行动不一致，在这种情况下，需要用薪的道德观念加以解决，这就是完善的观念。

完善的观念，就是用多方面的意志力和坚强的毅力协调内心自由观念的矛盾。如果内心自由观念的矛盾冲突得不到解决就可能成为社会不安定的因素，那这人就不是一个完善的人。为使一个人具有完善的观念，就需要形成一种仁慈的观念。

仁慈的观念也称绝对善良的观念，要求一个人的意志与别人的意志相互协调，能为别人谋利益，不可与别人发生恶意的冲突。这种观念对社会的安定十分重要。但赫尔巴特又指出，社会的安定事实上很难实现，人与人的冲突总是不可避免的，因此，在人们的道德观念中还必须具有正义的观念，用以解决人际冲突。

正义的观念也称守法的观念或法权的观念。这种观念要求人们停止冲突、反省自己，用社会公认的法规准则以及人们共同的道德规范约束自己。如果一个人缺乏正义的观念，表现出破坏社会的行为，那么就需要树立另外一种观念，即公平的观念。

公平的观念，又称报偿的观念，或报应的观念。这种观念树立起来后，人们才会认识到错误的行为必然得到惩罚，而善良的行为也必须得到褒奖，即善有善报、恶有恶报。在这种因果报应观念指导下人们才会公平待己，也公平待人。

赫尔巴特上述道德教育内容的理论观点有很高的概括性，不同于有些教育家提出的诚实、守信、爱国、尊重他人等等具体道德教育内容条目。他提出的"五种道德观念"实质上是对人的世界观价值观的总的期望。

2. 杜威的道德教育思想

约翰·杜威的实用主义教育思想不仅对美国，而且对世界许多国家包括中国、苏联的学校教育都曾产生过广泛而深刻的影响，其主要观点有以下几个。

第一，"教育即生活"与"学校即社会"是杜威教育思想中的两个基本观点。他认为，教育是经验不断改造的过程，是经验的生成、生长过程，最好的教育是从生活中学习，从经验中学习，所以"教育即生活""教育即生长"。

第二，"以儿童为中心""从做中学"是杜威实用主义道德教育的基本原则。"以儿童为中心"，就是一切以儿童为出发点，以儿童为目的，儿童教学必须从心理学的基础上探索儿童的本能、兴趣和习惯，并且服从于儿童的兴趣和经验的需要。

如果说杜威论述儿童天生本能和冲动问题，主要为了说明学校道德教育还有可以借鉴的一面的话，那么当他把这一问题扩大道德教育理论以外，去说明整个社会的存在也是以所谓的本能冲动为基础的时候，这方面观点就值得怀疑了。他推论认为本能冲动是人性的本质，是永恒不变的，那么产生于人性基础上的资本主义制度，以及与资本主义制度相应的道德意识也应是永久不变的。在此，杜威显然是为资本主义制度寻找心理学依据，这是他整个理论体系中糟粕的一部分，应予以否定。

关注儿童的智力判断是指学校道德教育工作在依照本能冲动的同时，还要注意到一个人的本能冲动容易给别人造成侵害，触犯他人利益，所以要加强培养和发展儿童的智力判断，用理智来指导本能冲动，使之顺应社会价值取向。杜威指出理性知识与道德知识都属掌握概念而未必加以应用的知识，而智力判断则生来就包含在行为之中，是指导人们完成某项目的能力。智力判断是个体在与环境相互作用中发展起来的。智力判断与本能是一对孪生兄弟，都是构成人的本性的主要因素。本能是人的活动的原动力，智力判断则起着指导本能发展方向的作用。这些特征在道德教育中都要合理发掘利用。

关注儿童的情感反应是指在道德教育过程中要利用儿童敏感的情感反应为智力判断提供材料，使智力判断正常发挥功效。情感反应到底是什么呢？杜威解释说是一种感受性和感受性方面的天性。这种天性很难用语言加以描绘。杜威认为，学校里的某些课程如建筑、音乐、雕刻、图画等有利于养成儿童敏感的情感反应。然而遗憾的是，当时美国学校不重视这些科目，而把主要精力投入到"读、写、算"等所谓正规科目上去了，这种状况对培养情感反应不利，说到底是对道德教育不利。

杜威道德教育理论中关于注重儿童心理的有关见解已经被当代许多西方学者认同，并且当代许多道德教育理论派别创始人本身就是心理学家，其理论体系也建构在心理学有关原理之上。例如，柯尔伯格的认知发展道德教育理论，班杜拉的社会学习道德教育理论等就是如此。

杜威关于道德教育方法问题论述最多的是社会实践法。他反对在教室里用学习书本教条然后背诵记忆的方法进行道德教育。这与他的"做中学"基本理论一脉相承。除此之外，他还对当时美国学校流行的一些道德教育方法提出了质疑。他指出学校常用一些刺激学生动机的方法对学生进行道德教育。例如，要求学生尊敬爱戴他们的教师，鼓励学生为取得好成绩而拼命竞争，还把遥远的奋斗目标作为学生努力的方向，等等。杜威认为这些做法都不利于道德教育。

3. 科尔伯格的道德教育思想

劳伦斯·科尔伯格被誉为"现代道德认知发展理论之父"，他认为，人的道德发展与人的逻辑认知发展及其阶段性水平密切相关，人的逻辑认知发展阶段性决定了道德认知发展的阶段性，人的道德情感、道德态度和道德行为都以道德认知为前提并受其支配。

第一，儿童道德发展可以分为垂直和水平两个序列。垂直序列是指道德认知发展遵循由低级到高级、由渐变到突变的普遍的顺序阶段，其阶段性不可更易或超越；水平序列的发展是指从逻辑认知发展在社会性刺激条件下向道德认知发展的推移。垂直序列与水平序列相辅相成、相互促进，从而帮助儿童达到道德的成熟。

第二，"新苏格拉底模式"和课堂讨论法，即教师在课堂上通过"道德两难故事法"诱发学生的认知冲突和积极思维，通过讨论与争辩，接受教师的提问与反思个人见解，从而达到道德认知力的提升。

第三，"新柏拉图模式"和公正团体法，即实行校内民主管理，让教师和学生共同直接参与民主管理活动，鼓励和培养集体意识，从而通过团体的公正水平和民主氛围对个体产生潜移默化的影响，促使个体的道德成长。

第三节　国外思想政治教育方法和其他学科理论的借鉴

一、高校思想政治教育对西方思想政治教育方法的借鉴

西方的思想政治教育方法也不是一蹴而就的，与中国思想政治教育方法相同，也是经过了长期的发展，并且体现着西方的文化传统和特点。思想政治教育方法，既是西方资本主义政治、经济以及文化制度孕育出来的产物，同时也为西方国家的上层建筑服务，是西方国家政治、经济以及文化制度的基础。

对西方国家思想政治教育方法的认识，从时间范畴来看，大致分为以下三个重要的阶段。

第一阶段是宗教方法主导阶段。这一阶段主要是从古代到 19 世纪，在该段时间内，宗教方法是起主导作用的教育方法，所以，西方国家的政治教育和道德教育是与宗教紧密结合在一起的。

第二阶段是权威方法主导阶段。这一阶段主要是从 19 世纪到第二次世界大战期间，在该段时间内，权威教育起着主导作用，强调的是权威管理以及权威教育。

第三阶段是学科方法主导阶段。这一阶段是从第二次世界大战前后到现在，西方国家从多个学科角度研究道德教育和政治教育，将各种学科理论应用于思想教育、政治教育，道德教育实践形成了丰富多彩的教育方法，这些方法超越经验，表现出明显的学科特征。

（一）西方国家思想政治教育的主要方法

1. 道德认知发展方法

道德认知方法论是以道德认知发展理论为基础建构的方法体系。一是道德讨论法，通过引导学生讨论道德的两难问题，进而引发认知的冲突，促进道德思维的碰撞，最终实现道德判断发展。二是公正团体法，这个方法强调的是民主管理的教育作用，重视团队的教育力量。

2. 价值澄清方法

价值澄清方法论，重视现实生活，针对西方无所适从的道德教育实际提出来，具有可操作性和时效性，因而受到人们的欢迎，在西方各国传播很快，对西方现代道德教育影响较大。

3. 社会学习方法

社会学习法是以社会学习理论为基础的一种道德教育方法体系。一是榜样法。榜样的力量是无穷的，道德教育的重要手段就是榜样示范。二是强化法。通过对不良行为的惩罚，以及对良好行为的奖励，使人们产生行为上的约束与改进。

4. 政治社会化技术

政治社会化不仅有可能使国家自身的合法性权威得到普遍的承认和接受，而且还可能降低社会统治成本而有利于社会稳定。

（二）西方思想政治教育方法对我国的启示

1. 重视思想政治教育效益

我们必须将思想政治教育这一任务提高到战略地位上来。西方发达国家就曾经因为过分强调高科技，而忽视青年人的人格教育问题，造成了公民的道德败坏，家庭崩溃等社会问题，因此，我们应该吸取教训，采用不同的方式和途径提高思想政治教育的效益。加强对社会年轻一代的思想政治教育。

2. 把握思想政治教育的正确导向

各个国家都在宣扬本国占统治地位的意识形态，政治性是思想政治教育题中应有之义，我们应该对此加以重视。中国一定要坚定不移坚持并宣传四项基本原则，坚持建设有中国特色的社会主义，不断抵御西方敌对势力对我国的"西化"和"分化"。

3. 将重点转移到发展道德思维和培养道德能力上来

将思想政治教育的对象放置一定的情境中，帮助他们认识解决问题的方法，提高他们的分析能力和解决问题的能力，引导他们形成正确的立场、观点，培养他们形成固定的基本思维模式，不断增强其独立自主判断问题和解决问题的目的。

4. 加强社会大环境和其他方式的配合

国外十分重视思想政治教育的社会性，因为思想政治教育对象是生活在现实中，时时刻刻要受到周围环境的影响。我们必须调动各方面的积极因素，充分发挥各种社会媒介和团体的力量，营造良好的思想政治工作的氛围，保持思想政治教育的渗透性和持久性，使人们在良好的氛围中接受精神的洗礼，不断提高自身的思想境界。过不同社会思想政治教育方法的比较，来认识不同社会思想政治教育方法的异同，继承、借鉴对我们有用的东西。

二、高校思想政治教育对其他学科理论的借鉴

（一）对社会学的借鉴

社会学的研究方法是社会学知识体系中最为重要的基础支柱之一，同时也是社会学相对于其他社会科学来说最具特色和优势的学科领域。社会学有一套比较成熟的社会调查和统计分析方法，如，抽样调查法、统计推论法，等等，这些科学的方法对思想政治教育的研究方法具有较大的借鉴作用，对于加强思想政治教育的定量分析，实现定性分析与定量分析相结合，促进思想政治教育科学化有着重要的意义。

1. 问卷法

问卷法是指调查者根据研究的问题和研究的方案，通过设计一套要求被调查者回答的问题表，来收集资料的方法。问卷的基本结构包括：调查问卷的题目、调查与填表说明书、问卷主题内容、实施情况记录等。问卷类型有开放式和封闭式两种。

2. 抽样调查法

抽样调查法是指按照科学的原理和计算从所要研究的现象全部个体单位中，按随机原则抽取部分个体单位进行调查，取得资料，并用以推算总体数量特征的一种方法。随机抽样的组织形式根据调查目的不同和调查对象的特点、数量等可分为简单随机抽样、分层抽样、系统抽样、多阶段抽样，等等。

3. 文献法

社会调查中的文献是指与社会调查研究对象有关的一切书面文字材料。文献法是指从搜集的资料中进行提炼、选择、提取、整理分析的过程。文献定性研究的一般步骤是文献摘录，分析文献资料与研究主题关系，说明主题。

4. 访谈法

访谈法是指调查者通过与被调查者面谈口问的形式来搜集研究资料的一种方法。访谈法的类型有：个别访谈和集体访谈、一般访谈和深度访谈、作为搜集资料主要手段和辅助手段的访谈。访谈之前必须做好充分的准备，设计调查方案，拟定调查提纲等。

5. 统计推论法

统计推论法就是调查者利用样本的统计值对总体与之对应的各种参数值进行估计，从而获得分析数据和资料的方法。

思想政治教育除了借鉴以上学科理论外，也借鉴了法学、系统工程理论等学科的知识和方法，这些学科理论对思想政治教育的发展也起着十分重要的作用。

（二）对心理学的借鉴

1. 需要动机理论在高校思想政治教育实践中的运用

需要理论认为，人的一切行为都是受本能需要的直接刺激而产生的。虽然人有满足自己需要的基本特征，但是大多时候人们都是从理性的角度考虑自己的需求以及动机的，因此人们能够自觉调整自己的需要、动机和行为。

心理学关于需要的理论告诉我们，在当前的社会条件之下，最大限度地满足人们日益增长的物质需要和精神需要，是高校思想政治教育工作者应该考虑内容，同时也是高校思想政治教育的目标之一。如果高校思想政治教育工作背离了其基本目的，脱离了满足人们物质需要和精神需要这一基本原则，势必软弱无力，缺乏吸引力和说服力从而影响教育效果。从事高校思想政治教育工作的管理者，在进行高校思想政治教育工作的安排和规划时务必要对工作对象的心理特征及其个人需求进行透彻的分析和了解，从而针对性地对思想政治教育工作进行设计，从而争取达到最好的教育效果。

2. 个性心理形成与发展理论在高校思想政治教育实践中的运用

心理过程与心理活动是每个人都有的，但同样类型的心理过程或心理活，体现在每个人的思想与行为上都存在一定的差异，我们将这些个体差异的表现称为个性心理，它是个体身上表现出的比较稳定的一种心理特征，具有模式化、固定化的基本特征，对行为研究有一定的参考作用。无数的教育实践证明，深入研究并把握个性心理及其形成发展规律，对于实施因材施教，开发人的潜能具有重大意义。

个性心理的形成和发展是多因素交互影响的结果，是在遗传素质的基础上，在一定环境和教育条件的影响下，经过个体积极主动的社会实践活动而被塑造出来的。高校思想政治教育应充分重视心理学关于人的个性心理形成发展理论，了解影响大学生个性心理的各种因素，使得教育活动能产生较强的针对性和实效性。

（三）对伦理学的借鉴

伦理学是研究道德起源、道德本质、道德关系及其发展规律，研究道德修养和道德教育的内容、原则和方法的科学。马克思主义伦理学所揭示的共产主义道德形成和发展的基本原则、基本规律和规范，是思想政治教育学的理论依据，是思想政治教育学研究的重要内容。

著名经济学家亚当·斯密认为，作为经济人，人当然具有自私自利的一面，但这种自私自利又不是纯粹的，人还有富有同情心的一面，人也是道德人。伦理学关于道德人成长过程的理论，对于高校思想政治教育培养教育对象成为思想品德高尚的社会主义新人有深刻启示。

1. 道德人的形成

道德人的形成经历了漫长的过程。人的自我认知水平与个体最初得到的表现是相一致的，个体的内在自觉性是实现个体对道德追求的动因；同时，个体生活的社会条件也会对其道德水平产生重大的影响，这些都会是个体道德在萌芽状态逐渐走向苏醒。个体的道德觉醒达到一定的程度，道德人就形成并丰富完善到相应的层次和水平。高校思想政治教育在研究教育对象道德意识觉醒和达到社会所要求的道德水平方面，应遵循道德人形成的原理。

2. 道德的自律与他律

这是一个持续的过程，在这个过程中，道德质的飞跃，逐渐由他律转变为自律。道德主体在此过程中，会用一些内化了的自己认为正确的道德原则来约束或调节自己的思想行为方向。自律是人真正实现道德的结果，自律的人就是道德的人，是一个有稳定和明确人格的人。道德人成长过程中自律与他律的关系，启示思想政治教育一定要重视引导教育对象自觉提高自身思想政治素质和品德水平，才能真正实现教育目的。

（四）对教育学的借鉴

高校思想政治教育属于教育的一部分，因此教育学规律对高校思想政治教育必然具有比较强的指导意义。高校思想政治教育对教育学的借鉴之处主要体现在以下三方面。

1. 掌握传授知识与思想教育相统一的规律

教师在传授知识的过程中，无论传授的是哪方面的知识总会或多或少的对学生的思想感情、立场观点、意志性格、道德品质等方面造成一定的影响，这也是学生能接受的道德教育的一种方式。另外，教师的思想品质、言谈举止、风度气质等个人特质，也对学生产生潜移默化的教育影响。因此，在教学过程中教师应严谨治学，为人师表，通过自己的实际行动学生树立良好的思想道德行为榜样，知行统一、言行一致。

2. 掌握知识和发展智力相统一的规律

学生掌握知识与发展智力、培养能力是辩证统一的，单纯地强调任何一种都是不科学的，因为无论是知识的单纯增长还是智力的单纯提升都难以提升学生的综合素质。高校思想政治驾驭要尊重教育学的基本规律，在注重对大学生进行马克思主义基本理论知识传授的同时，还要加强大学生实践活动的开展，将其所学的知识转换为实践能力。

3. 掌握教师主导作用和学生主体地位相结合的规律

在教和学的统一活动中，教师应该充分发挥自己在教学中的主导作用，按照客观规律启发与引导学生去学习、认识和实践，充分激发其积极性。在教学过程中，教师的主导作用和学生的主体地位是辩证统一的，教师的主导地位并不是绝对的在某些情况下教师也可以激发学生在高校思想政治教育中的主体性，发挥其主导作用。

第三章

思想政治教育工作机制探索研究

"机制"这一概念原指有机体各个部分的构造，各要素之间相互作用、相互联系、相互制约的形式，以及通过它们之间的有序作用而完成整体目标，实现其整体功能的运行方式和运动原理。高校思想政治教育机制，是指基于高校思想政治教育系统内部各方面因素之间相互作用、相互制约、相互联系的联结方式而构建起来的工作体制。高校思想政治教育机制是个较为复杂、目前研究得较为肤浅和比较混乱的问题。但是，高校思想政治教育确需机制，且机制在高校思想政治教育中具有其他因素不可替代的作用，系统研究高校思想政治教育的问题，特别是研究提高高校思想政治教育的效能问题，绕不开高校思想政治教育的机制。

第一节　高校思想政治教育保障机制的加强

高校思想政治教育系统的有效运行，依赖于完善的保障机制。保障机制，简单地说，就是为了保证某项工作正常、有序进行所必需的基本条件。构筑高校思想政治教育的保障机制，需要重点做好物质保障、组织保障、人力保障等几方面的工作。

一、物质保障

高校思想政治教育工作的物质保障，是指实施教育所必需的物质条件，具体包括基本建设、经费投入和活动基地建设等。

（一）基本建设

推进当代高校思想政治教育工作，必须依托一定的场所、设备和设施。

首先，开展高校思想政治教育工作，需要固定的办公场所。在影响大学生价值观念教育的因素越来越多、需要单独进行思想交流的学生越来越多的今天，学生工作中新增加的心理辅导职能、就业指导职能等，需要有专门的办公场所。

其次，开展高校思想政治教育，需要必要的办公用品。新形势下的高校思想政治教育形式越来越丰富，既有传统的互动性不够强的讲座报告，也有丰富多彩的参观访问、观看电影录像，还有各种各样的社会实践活动和社团活动。因此，除了必要的办公场所及办公所需的电脑、打印机外，还应配备照相机、摄像机等音像器材设备，以增强教育活动的趣味性和实效性，同时便于资料的存档备查。

最后，开展高校思想政治教育，需要合适的教育活动场地。高校思想政治教育是与各种各样的活动结合在一起的，既需要各种规模的会议室、报告厅用来举行座谈、讲座、报告等活动。同时，还需要建设一定的宣传设施和场所，如文化长廊、宣传栏、校报、校园广播站、网络中心等传播媒体的建设，以有利于开展高校思想政治教育工作。

（二）经费投入

思想政治教育的经费开支必须纳入大学生培养成本的核算体系之中，否则，经费保障就是一句空话，各项工作就达不到预期的工作目的。国家财政拨款预算，必须合理确定拨款比例，保证高校思想政治教育工作的正常进行。但就目前的状况来看，高校思想政治教育并没有得到充足的经费，导致思想政治教育各项活动的开展受到了制约。就经费来源而看，高校不能只依赖国家拨款，还应积极的拓宽筹款渠道，适当开源。

另外，我国是实施社会主义制度的国家。社会主义必须为那些出生时经济条件处于劣势的公民创造平等的受教育条件和平等的就业机会，以实现富人与穷人的儿子处于同一起跑线，以保障每个公民处于公平竞争状态。因此在措施方面，必须打通和建立高校与社会各类慈善资助机构的联系，切实健全和完善大学生助学贷款、奖学金与助学金制度体系。

（三）活动基地建设

在新形势下，高校思想政治教育需要不断创新工作模式，要拓宽教育渠道，丰富教育方法，允分利用各种社会活动基地，深化教育内容，拓展教育实践。

1. 加强社会实践基地建设

社会实践是当代大学生最为欢迎的教育方式，加强社会实践教育活动，能够全面提升大学生的素质。教育行政部门和高校要建立各种类型的教学科研基地、大学生职业技能和创业能力实训基地、社区活动基地、勤工助学基地等，通过社会实践教育，切实培养大学生的综合素质和能力。

2. 要加强爱国主义教育基地建设

爱国主义教育基地以历史博物馆、红色纪念馆为主体，是向大学生传授历史文化知识，进行爱国主义、集体主义、社会主义教育的重要资源。高校要充分利用爱国主义教育基地，在节假日和重大历史纪念日组织大型的参观访问活动，通过视频、图片、文字、建筑等对大学生进行深刻的高校思想政治教育。

3. 加强实训及素质拓展基地建设

实训和素质拓展是大学生非常感兴趣的活动形式。通过基地的专业技能、创业能力的实际培训，不仅可以提升学生的实际动手能力和培养创新意识，而且能够培养克服困难的勇气、团结合作的精神、与人交往的能力。在当前高校注重加强内涵建设的形势下，各级教育行政主管部门和高校都应积极建立各种形式的大学生能力、素质实训基地，以此推动高校思想政治教育工作。

二、组织保障

组织，在动态上是指使分散的人或物形成一定的系统性和整体性的过程；在静态上是指基于特定的宗旨和配合关系，呈现出系统性和整体性的机构推进高校思想政治教育工作，既需要明确组织管理目标，合理地调配人员和各种资源，确定它们之间的相互关系，根据具体工作任务实施组织管理工作。总的来说，就是要整合教育要素，健全组织机构，为高校思想政治教育提供组织保障。

（一）构建高校思想政治教育组织保障机制的必要性

高校思想政治教育工作虽然是在教育主客体之间展开的，但不单纯是主客体之间的事，其他因素也会对教育活动产生一定的影响。尤其作为规范教育主、客体地位的组织过程和组织机构，直接影响着教育活动的内部机理，是保障机制的重要组成部分，是各种教育机制运行的前提。在多年的思想政治教育过程中，我国建立起来相应的教育组织保障体系，但是随着在国内外社会环境、高校办学模式和大学生的思想观念、行为方式的变化，高校思想政治教育需求依然发生了改变。社会转型期的大环境下对我们必须对我国的思想政治教育的组织体系进行必要的调整。首先要重新判断高校思想政治教育的功能和优势；其次要遵循高校思想政治教育的内在规律，在此基础上对教育组织结构进行调整。

（二）组织保障机制的构建思路

高校思想政治教育组织机构改革的总体思路应当是"全员育人"。要摒弃过去那种单纯依赖马克思主义理论教学部门和学生工作管理部门开展高校思想政治教育的传统，在思想认识与实际行动上进一步强化高校"育人为本，德育为先"的育人理念，坚持把高校思想政治教育融入学校工作的各个方面，贯穿于教育教学的各个环节，努力形成全员育人、全程育人、全方位育人的新格局、新组织、新机制。

学校党委要从总体上把握高校思想政治教育的根本方向，确定全新的工作理念和工作目标，推动大学生德育工作与智育工作一体化进程。从具体实施来看，马克思主义理论教学部门应抓好理论教育；学生工作部门与共青团系统应帮助到学生树立社会主义核心价值观；各院（系）专业课教师应该把思想政治教育融入教学环节；学校管理部门和服务部门在各自的岗位上，应带头示范，树立榜样；学校宣传部门应建立起弘扬社会主义主流价值观文化阵地。

三、人力保障

要按照提高素质、优化配置、稳定结构的要求，大量选拔德才兼备和工作热情较高的中青年干部，充实思想政治教育工作队伍，同时注重专家化、职业化的专职政工干部的培养。以专兼职相结合为基本原则，采取切实措施，培养一批政治立场明确、理论功底扎实、勇于开拓创新、善于联系实际、具有奉献精神的教育工作者和社会活动人士。同时，思想政治工作志愿者作为一个潜力最大的群体应当得到重视，使之成为壮大政工队伍的后续力量和储备军。为此，要建立完善思想政治教育专职队伍的激励和保障机制，免除他们的后顾之忧，同时提供更多发展机会，注重人才储备和培养的长效性。

第二节　高校思想政治教育评价机制的优化

评价是高校思想政治教育工作完整过程周期中必不可少的重要组成部分，也是高校思想政治教育工作的最后一个环节。通过对高校思想政治教育工作的效果进行客观、全面、科学的评价，对于总结思想政治教育工作经验、校正思想政治教育工作过程中的偏差、错误，都有很大帮助，有利于思想政治教育工作更好地开展。

一、高校思想政治教育评价的原则

（一）公开、公平、公正的原则

公开、公平、公正原则的价值追求，是评价工作的普遍性、平等性和正当性。公开是指评价方式、方法、对象等的公开；公平是指评价起点和标准的公平；公正是指评价基本价值取向的正当性。

1. 公开原则

在高校思想政治教育工作评价过程中，公开必须作为一项根本性的要求得到贯彻执行，同时还应该坚持多向度性和针对性。在高校思想政治教育工作评价机制语境下，公开就是将需要公开的事项多向度、针对性地公开。公开内容向度若以思想政治教育工作考评本身为参考系，可以视为考核的办法、考核的对象、考核的内容等；若立足本体之外可以视为：公开的对象、考核的监督主体等。公开是公平、公正的基础，没有了公开也就没有了公平和公正。

2. 公平原则

公平是思想政治评价工作的重要保证。公平不是空洞的，而是包含具体内容的公平。结合思想政治评价工作的特质，公平的内容包括：起点公平、尺度公平和结果公平。

起点公平，是指评价的基准点要公平。对于被评价对象而言，处在不同基准线上而用同一种评价方法所取得的评价结果是不具有可比性和普遍意义的。具体来说，起点公平就是指评价的项目是统一的；评价的对象是相同的；所设置的评价指标也应该是相同的。

尺度公平，也称标准公平，是指在评价工作中所使用的评价标准、评价指标和指标体系是公平的。基于内容维度就是指标准、指标和指标体系的使用要具有公平性。

结果公平，就是评价的结果是可以用同一种方法去度量和实证的。结果公平就是指评价的最终结果是按照预先设定的标准归纳和演绎出来的，它对于所有被评价的对象都是适用的。

3. 公正原则

公正原则是思想政治考核工作的重要衡量基础，失去了公正原则将直接导致评价的失衡和结果的失真。公正包括对人公正、对事公正、程序公正和方法公正。对人公正就是所采用的评价系统对于所有被评价客体都是适用的，具有相当的普遍性。不因人的各种差异而存在偏私或不平衡。具体来说，不论被评价者的民族、职称、身份、出身等都是公正的；评价不因评价者的主观意愿而改变，不因被评价对象的差异不同而改变；对事公正就是对思想政治评价工作公正；要求评价工作的参与者要正视这项工作，不带有任何偏见和私心杂念；评价者应当就事论事，不与任何不相关的工作相联系；不将个人偏见带到评价工作之中，不能公报私仇；确保对事公正，评价工作人员的思想道德素质和评价工作人员的产生机制是重要的制约保障。

（二）和谐原则

和谐原则即以和谐理念为指导与核心，坚持以融洽、协调为根本要求评价思想政治教育的过程及其效果的原则。

和谐原则是评价思想政治教育的首要原则，之所以如此，主要理由如下：

第一，和谐是思想政治教育的灵魂、核心。思想政治教育秉持的就是和谐理念，实施的就是和谐内容，追求的就是和谐目标，或者说，和谐是思想政治教育的性质和要求。因此，在对思想政治教育进行评价时，理应坚持和谐原则；否则，评价就可能无的放矢或者南辕北辙。

第二，坚持和谐原则，评价才能促进思想政治教育的完善与发展。评价不是目的而是手段，即评价是为了推动、促进思想政治教育的完善、进步、发展。但是，不是任何的评价都具有和发挥出推动、促进的功能。只有评价这一手段符合目的、有利于目的的实现时，它才具有和较好地发挥出推动、促进的功能。坚持和谐原则，以和谐为准则评价思想政治教育的过程及其效果，就有利于促进思想政治教育的完善与发展。

第三，和谐原则对其他评价原则具有决定和影响作用。思想政治教育评价的原则有多个，但是，所有的评价原则都是由思想政治教育的性质决定的，都是为思想政治教育的实施和发展服务的。和谐原则集中地体现、反映了思想政治教育的性质，因之，它对其他的评价原则有决定和影响作用，即所有的评价原则都应以和谐理念为指导，都应遵从融洽、协调的要求。

坚持评价的和谐原则需要遵循以下要求：

第一，以和谐理念指导评价。既然和谐是思想政治教育的灵魂、核心、目标，既然坚持的是和谐评价原则，在评价的整个过程中，就必须以和谐理念为指导，即着眼和谐，注重和谐，追求和谐，让评价过程成为弘扬和谐、促进和谐的过程。

第二，既注重教育结果的和谐，也关注教育过程的和谐。评价首先关注的是结果，因为，结果是人们追求的目标。但是，结果与过程是统一的。特别在思想政治教育方面，若没有过程的和谐，定难有结果的和谐。因此，坚持评价的和谐原则，必须既注重教育结果的和谐，也关注教育过程的和谐。

第三，评价活动的实施要和谐。评价能否发挥出、发挥好应有的功效——推动、促进，关键在于评价的实施。实施和谐评价取决于多方面的因素，其中主要的有：评价主体合理，其关系和谐；评价方法正确；评价指标适当。在坚持和谐评价原则时，对上面诸因素都要注意到，要处理好各因素间的关系，让它们发挥好作用。

第四，评价活动的效应要和谐。前面已说到，评价是手段而非目的。这一手段是否合目的，是否有利于目的的实现，就是评价的效应。评价效应既取决于评价的指导思想、评价实施，还取决于评价做出的判断是否客观、公正。因此，坚持评价的和谐原则，还必须确保评价判断的客观、公正。这样评价才具有促进和谐的效应。

（三）全面原则

全面原则即全面评价原则。即思想政治教育评价要全方位、多层面评价，即从评价的两大方面看，既评价教育效果，又评价教育过程；从过程评价看，既评价教育的内容，又评价教育的方式、方法；从结果评价看，既评价受教育者的思想、心理，又评价受教育者的行为。

思想政治教育坚持评价的全面原则，主要理由如下：

第一，和谐就是多因素的协调、统一。和谐是多因素的和谐，即多因素的协调、统一。思想政治教育的评价，就要着眼思想政治教育的方方面面，看多种因素、要素的状况及其作用的发挥，看多种因素、要素的关系是否和谐。

第二，思想政治教育的成效由多方面显现。思想政治教育评价必须从整体出发，对思想政治教育实践的全过程及其社会效果做综合性考察与评价，以克服和防止"只见树木，不见森林"，或"只见森林，不见树木"的形而上学倾向。思想政治教育的成效是个多面体：从个体看，既有思想认识、心理素养、行为习惯，还有这样的思想认识、心理素养、行为习惯产生的客观结果；从社会看，既有社会的政治、经济、文化领域，还有社会生态、社会的持续发展；从思想政治教育本身看，既有已经历的过程及其成效，也有思想政治教育的进一步开展。所以，评价时不应仅就某一方面或侧面进行评价，应全面评价。

第三，思想政治教育的成效是多因素共同作用的结果。思想政治教育是非常复杂的活动，需要多种因素共同参与，且协调、一致地发挥作用。如，既需要适切的教育目标、内容、载体、方法，还需要积极、协调的教育环境；既需要教育者真挚的情感、较强的教育能力，还需要教育者以身示范。因之，全面评价才能掌握思想政治教育中多种因素的真实情状。

第四，全面评价才能细辨优劣，促进思想政治教育的发展。正因为思想政治教育活动中要素众多且需要协调、一致，所以，全面评价才能仔细地辨别、区分各要素及其关系何优何劣，问题何在，从而有针对性地采取措施，促进思想政治教育健康、和谐、持续地发展。

坚持好评价的全面原则需遵循以下要求：

第一，评价指标要全面。坚持评价的全面原则，首先评价的指标要全面。指标即规定的目标，是对思想政治教育中各项工作、活动制定的标准。有了标准才便于衡量。因之，全面评价就要有全面的指标，并按照各项具体指标逐一、认真地评价。

第二，评价主体要全面。人的本质是社会性，人在各种社会关系中存在；任何单位、团体也必然参与社会活动，在与个人、其他单位、团体的关系中表现自身的社会性及社会作用。因此，不论对某一受教育者抑或某一群体的思想政治教育进行评价，应让所有知情者——被评价对象的关系者成为评价主体，这样评价才全面，才有利于克服评价的片面性、主观性。

第三，评价资料要全面。资料是评价的依据。全面评价就要全面收集资料，资料越全面、详尽，评价就越准确、客观。全面的资料，是指既有教育活动方方面面的资料，更应有反映教育成效的资料；既有直接的资料——可以直接查获、取得的资料，还应有间接的资料——来自非教育主体的资料——这些资料有时可能更客观、真实。

第四，评价过程要全面。评价活动是作为一个过程而存在和进行的，全面的评价就要有全面的过程，即评价的方方面面的工作要做足、做实、做细，而不是走过场。如确定适宜的评价模式、方法、指标，全面、详细地掌握评价资料，对获取的资料认真、仔细地核实与查证，对评价中的各项工作坦诚地征询多方面的意见、建议，等等。过程的全面是全面评价的保证。

二、高校思想政治教育评价的方法创新

创新高校思想政治教育的评价机制，重视评价体系的改革创新尤为重要。通过改革和创新评价体系，有利于为高校评价项目和过程提供改进的方案和评价的结果。下面论述"模糊综合评价法"在高校思想政治教育评价工作中的借鉴作用。

（一）模糊综合评价法构建

模糊综合分析法是建立数学模型的定性与定量相结合的评价方法。步骤大体分为以下几步。

1. 建设指标体系

根据教育与管理相结合的原则，在分析思想政治教育各个环节、分析人们思想变化和行为规律的基础上，提出评价指标体系 X，建立评判因素集合。如：学校思想政治教育评价的具体指标体系。

2. 收集数据

所有有关思想政治教育工作评价的数据都要来自实地调查。数据一般应通过上级检查、专家评议、民主测验、抽样调查等多种方式获得。为了减少主观因素的影响，应由上级部门、专家小组、教育工作者、群众等方面分头填写评价表，进行分别统计评价，然后把各方面的评价值采用加权统计的方法进行整理，取得综合评价意见。具体方案如下。

第一，权重。由于指标体系中的各指标因素在思想政治教育工作中的地位和作用不同，应给各个指标因素以不同权重如表 3-1 所示。

表 3-1 指标因素不同权重

指标因素	A（W_1）	B（W_2）	C（W_3）	D（W_4）
权重（Ⅳ）	20%	50%	20%	10%

由于上级部门、专家小组、教育工作者和群众对不同指标因素的掌握程度和看法不同，在评价结果中理应占据不同的权重如表 3-2 所示。

表 3-2 评价结果不同权重

指标因素权重（W）	上级部分 E_1	专家小组 E_2	教育工作者 E_3	群众 E_4
A	30%	50%	10%	10%
B	30%	40%	10%	20%
C	20%	40%	20%	20%
D	30%	40%	20%	10%

第二，评价等级及记分。对于每个指标因素 A、B、C、D 均按四级评价，每级记分如表 3-3 所示。

表3-3 评价等级及计分

评价等级	好	较好	一般	差
计分（N）	40	30	20	10

由于综合评价结果并不正好是以上各等级所给的分数值，特做以下规定：

40≥N>30 好

30≥N>20 较好

20≥N>10 一般

10≥N>0 差

第三，结论。根据上级部门、专家小组、教育工作者和群众评价得来的数据，采用算数加权求和的方法，即可以评价出思想政治教育工作的状况。评价思想政治教育工作是如此，评价思想政治教育过程、教育者、受教育者也都是如此。对思想政治教育的各种评价都可以采用模糊综合评价法进行。

（二）模糊综合评价法样表

高校思想政治教育工作评价模式表如表3-4所示。

表3-4 高校（或院系）思想政治教育工作评价模式

姓名 _____ 性别 _____ 院系 _____ 评价时间 _____

评价者 _____ （本人、院系领导、思想政治教育管理组织或部门）

评价时间：_____

一级指标	二级指标	三级指标及其权重		
	不合格（2分）	合格（3分）	良好（4分）	优秀（5分）
工作态度	事业心	工作敷衍了事，缺乏责任心	事业心不高，满足于基本任务的完成，责任心不强	事业心比较强，工作比较勤奋，有责任心，能够主动承担责任	工作认真刻苦努力，一丝不苟，任劳任怨，工作积极，认真负责，敢于承担责任
	纪律性	组织纪律性比较差，经常不参加院系及学校是集体活动	组织纪律性一般，能够遵纪守法	组织纪律性比较强，能够自觉遵守法律和各种规章制度	组织纪律性强，模范地遵守法律和各种规章制度
	服务性	服务意识差，私心重，不为他人着想	服务性一般，不能主动地为他人服务	服务性较强，能够主动关心他人	服务意识强，主动关心他人，具有为人民服务精神

（续表）

一级指标		二级指标 不合格（2分）	三级指标及其权重		
			合格（3分）	良好（4分）	优秀（5分）
工作态度	原则性	原则性差，有时为了照顾情面而放弃原则	原则性一般，但遇到重大问题，原则不动摇	原则性较强，是非分明，在重大问题上能体现原则性	坚持原则，敢于同违反原则的行为作斗争
	主动性	主动性差，甚至消极怠工	主动性一般，有时比较被动	能够积极主动地完成各种工作或任务	主动性强，十分积极主动地完成分内分外的工作
工作业绩	工作质量	不能按时完成工作任务，且经常出现失误	工作效率低，偶尔出现失误	能按时完成任务，各项指标基本达标且效率较高	出色完成各项工作任务，各项指标达标且效率高
	学生评价	不满意	比较满意	满意	很满意

三、高校思想政治教育评价模式的创新

评价模式既反映着思想政治教育的形态特征，也反作用于特定形态的思想政治教育，还给评价提供便于操作的样式。我们认为，思想政治教育的评价模式主要有质与量相结合的模式、自评与他评相结合的模式两种。

（一）质与量相结合的评价模式

所谓质与量相结合的评价模式即将定性评价与定量评价相结合的模式。也就是说，在思想政治教育评价中，既要对评价对象进行"整体和性质的分析综合，以鉴别和判定思想政治教育实践效果性质"，也要对评价对象"运用数据的形式，通过对评价对象表现出来的一些数量的关系的整理分析，从数量上相对精准地把握思想政治教育实践效果状况"的评价模式。

1. 质与量相结合评价模式的优势

思想政治教育评价主张采用质与量相结合模式的主要理由有以下几点。

（1）事物都是质与量的统一。

唯物辩证法认为，事物都包含一定的质，也都有一定的量，是质与量的统一。因此，思想政治教育评价，就既看其质，也看其量，这样才符合事物的发展规律，才能使评价客观、准确、和谐。

（2）量的评价必须以质为前提。

数学、统计学和计算机科学的发展，为思想政治教育量化评价奠定了基础，量化评价在现实中逐渐被采用。但是，离开定性的定量评价，毫无意义。定性是定量的前提和结果。

（3）仅有质的评价难以精确。

质的评价是我们传统的评价方式。这种方式容易过多地依靠经验和印象，导致主观随意性。即仅有质的评价是难以进行精确的评价的，因之，是不科学、不和谐的。

（4）质与量结合的评价才准确。

质是不同事物相互区别的规定性；量是保持事物性质的规定性。质的评价以便区分优劣，认识其性质；量的评价以便区分优劣的程度，对同性质的对象做出精确地鉴别。可见，质与量结合的评价才准确，才和谐。

2. 质与量相结合评价模式的程序

一般来说，质与量相结合评价模式的操作程序如下。

（1）看、听、问 —— 形成初步印象 —— 有了初级的质。

对思想政治教育对象的评价，不论是对个体的评价抑或群体的评价，一般来说，评价者首先通过看、听、问等活动：看评价对象的面貌、状态；听评价对象汇报；问评价对象的教育安排、效果等。通过这样的看、听、问，评价者对评价对象会形成初步的印象 —— 好，或者比较好，或者不够好，或者比较差，或者很差，以及类似程度的初级质的判断。

（2）查、调、访 —— 深入了解分析 —— 获取足够的量。

在有了初级的质的判断后，评价工作进入了重要的阶段 —— 深入了解分析。一般来说，深入了解分析主要是通过查阅资料、调查、访问的方式进行的。查阅资料即查阅评价对象提供的反映本次评价情况的文本资料；调查即对文本材料、"看、听、问"阶段了解的情况等加以查证、核实；访问即深入受教育者之中，了解、掌握更具体的情况。通过这样的查、调、访，获取足够的量。

（3）依据量研究质 —— 质与量相结合。

在有了初级的质，获取了足够的量以后，依据量分析、研究质：起初的质的判断是否妥当；对质做出更为精确的判断。依据量研究的质，即质与量的结合，才是更客观、真实的评价。

3. 质与量相结合评价模式的基本要求

思想政治教育运用好质与量相结合评价模式的基本要求有以下几方面。

（1）质的判断必须以量为基础。

在质与量相结合的评价模式中，初级的质的判断，可能没有充分的量的支撑，但是，这时的质的判断，也是以通过"看、听、问"获取的一定的量为基础的；否则，质的判断就是无据的。在获取了足够的量以后进行的质与量相结合的评价时，质的判断不论对一定质的程度的判断抑或不同质的判断，都必须以量为基础；否则，对质的断定就难以客观、准确，就难以服人，因之，就没有评价预期的好结果。

（2）进行量的分析要充分。

在质与量相结合的评价模式中，量也是重要的：它规定着质——或精确质，或确定质。所以，进行量的分析时，要脚踏实地，认认真真，要了解足够的量、真实的量，对量的分析、研究要充分、要精细，防止形式主义、走马观花。

（3）进行质的判断要谨慎。

起初的质的判断对整个评价起着基础的、导向的作用；最后的质的判断是对评价对象的质的判定。不论前者还是后者在评价中都是至关重要的，因之，在进行质的判断时要谨慎，尽力使判断客观、准确。否则，不仅评价失真，对评价对象可能会造成很大的不利。如若这样，评价就是消极的了。

（4）量的分析必须以质为前导。

在质与量相结合的评价模式中，虽然量的分析是重要的和必要的，但是，对于量的分析必须以质为前提和指导，即必须看清是什么质上的量。否则，"离开定性评价的定量评价，毫无现实意义"。

（二）自评与他评相结合的评价模式

所谓自评与他评相结合的评价模式即将被评价对象自己评价与其他评价主体的评价结合起来进行的评价模式。具体来说，被评价的教育者或受教育者（现实评价中，较多的是评价受教育者，因为受教育者的情况，特别是受教育者的表现，是思想政治教育效果的直接呈现，即便是对教育者的评价，也主要是通过评价受教育者的情况来进行）对自己进行评价，另外的其他评价主体——或者教育者，或者领导，或者专家，或者相关人员对评价对象进行评价，并将两个方面抑或多个方面的评价相结合，得出最终判断的评价模式。

1. 自评与他评相结合评价模式的优势

思想政治教育之所以倡导自评与他评相结合的评价模式，主要有以下几方面的理由。

（1）自评与他评相结合的评价有利于激发、调动被评价对象的积极性。

正因为被评价对象最清楚思想政治教育的情况，而既往的思想政治教育评价没有或者很少让被评价对象参加，致使评价难以准确并且难以为被评价对象积极接受。所以，运用自评与他评相结合的评价模式，让被评价对象参与到评价过程中去，有利于激发、调动被评价对象的积极性，使他们易于接受评价结果，更使他们积极地投入到持续的思想政治教育过程中去。

（2）自评与他评相结合评价才客观、准确。

评价是为了掌握思想政治教育的情况和促进教育活动深入地开展。谁最清楚思想政治教育的情况？被评价对象。被评价对象是思想政治教育的主体、亲历者，他或他们对教育的过程及其效果心知肚明。所以，被评价对象要自评。但是，现在有些人不那么坦诚、谦逊了，不仅如此，喜欢自夸或者夸大其词，甚至弄虚作假者也不鲜见了；还有"不识庐山真面目，只缘身在此山中"的制约；再加上，人们看自己时往往看到的优点多，缺点少，而看他人则相反。因此，不能仅有自评，还需要有他评。他评可以保证评价的客观性。这样，自评与他评相结合，评价才会客观、准确。

（3）自评与他评相结合是对既往思想政治教育评价的改革和创新。

上面已经谈到，应该让被评价对象参与评价。特别在当代社会，我们倡导以人为本，人们的自主意识、民主意识、参与意识普遍增强，仅有他评，把被评价对象看作机械的客体，这样的评价是很难让被评价对象接受的。所以，思想政治教育提出自评与他评相结合的评价模式，以改革既往的、不合理的评价模式。

（4）自评与他评相结合评价才和谐。

虽然被评价对象最清楚思想政治教育的情况，但是，较长时期以来，在现实的评价中，被评价对象难以参与评价，盛行的仅有他评。这往往导致评价仅关注了那些显性的东西，甚至形式，对教育过程、对受教育者思想认识的提高、心理的变化等难以顾及，而这些却是思想政治教育中的重要方面。正因为这样，对于评价给出的判断，被评价对象往往有意见，甚至影响了思想政治教育的持续进行。所以，坚持自评与他评相结合的评价模式，评价才会和谐。

2. 自评与他评相结合评价模式的基本程序

自评与他评相结合评价模式的基本程序如下。

（1）被评价对象自评。

不论是对教育者的评价，还是对受教育者的评价；不论是对个体的评价，还是群体的评价。被评价对象自评，即让被评价对象对自己的思想政治教育工作（对教育者而言）或接受思想政治教育的过程与效果（对受教育者而言）做出评价。被评价对象的自评，可以采用定性评价——一般是定等级；也可以运用一定的量的表达——定分数。不管运用哪种方式，都必须有依据，即对判断的足够的支撑，以防止自评的虚假。

（2）其他评价主体。

其他评价主体的个数难以确定，有可能就是一个主体；有可能是多个主体，如，教育者（对被教育者的评价）、受教育者（对教育者的评价）、领导者、专家学者、思想政治教育的职能部门、知情者（或同事，或同学，或家长，或朋友，或与被评价对象有较多交往者，等等）。参与评价的其他主体越多，评价的结果就越客观、准确。其他主体的评价，一般是定性与定量相结合的评价。参与评价的主体务必带着对被评价对象、对社会负责任的态度，认认真真地进行评价，不可草率从事，搞形式主义，搞弄虚作假。

（3）自评与他评相结合。

在自评与他评的基础上，将自评与他评相结合，即将两个评价结果进行整合。所谓整合即不是将两个结果简单相加或按一定的权重计算出最后的结果，而是要认真地对比、分析、研究各评价的客观、合理之处，对各评价结果进行"去粗取精，去伪存真"，然后由各评价主体的代表协商出最终的评价结果。

3. 自评与他评相结合评价模式的基本要求

采用自评与他评相结合评价模式的基本要求如下。

（1）动员被评价对象如实自评。

较长时期以来，在思想政治教育评价中，自评未被重视，或者未被采用，原因是多方面的，如，教育观念问题——没有把评价对象当作主体以及社会理念问题——没有以人为本理念等。但是，更为主要的原因可能还是不相信被评价对象。前面曾说到，现实社会条件下，弄虚作假者有之，自评很可能有一定的"水分"。因此，在采用自评与他评相结合的评价模式时，评价领导者、组织者要对评价对象加以动员、引导、指导，让他们有求实的态度和作风，要告知他们除了自评还有他评，虚假迟早会暴露，弄虚作假者最终要吃亏。

（2）各评价主体独立进行评价。

为保证各主体评价的真实、准确，在采用自评与他评相结合的评价模式时，各评价主体要独立进行评价，自主地表达自己的意见，否则，就等于没有了多个评价主体，还是一个主体主宰评价。特别是对于自评，要确实保证被评价对象不被控制、操纵、愚弄，成为某个人或某些人的玩偶。

（3）其他主体评价要客观、公正。

评价中的客观、公正非常重要，否则，就违背了评价的初衷——总结经验教训，推进思想政治教育持续、深入开展。其他评价主体的客观、公正，首先取决于态度的客观、公正；其次取决于工作的认真、扎实，特别是那些平时与被评价对象接触较少、了解较少的评价主体，要保证评价的客观、公正，必须深入到被评价对象的日常教育、工作、生活中做细致的观察、了解、调研、核实。否则，难以保证评价的客观、公正。

（4）对评价结果的整合要科学。

由于种种原因，比如，对评价对象的了解程度；评价者先入为主的成见和评价中的态度；评价者的水平；评价中工作的认真程度等，各评价主体的判断肯定是有差别的。对于各个主体的评价如何赋以权重、整合？这是个复杂的问题，需要认真研究。一般来说，谁更知情，谁更懂得评价，谁获取的证据更有力，在赋以权重时谁的意见就更为重要些。在整合中，要充分发扬民主，各评价主体平等地表达自己的意见、阐述自己的理由，通过民主协商得出最终的评价结果。

第三节　高校思想政治教育环境机制的改进

无论是人的生存发展还是思想品德的形成和发展，都离不开一定的环境。政治主张、道德教化、理论学说的传播，都不是靠政治压力，而是作为一个思想信息在得到环境的验证之下才会被受教育者所接受。特别是在经济全球化、科技现代化、社会信息化的今天，高校思想政治教育所面对的宏观环境、微观环境等的变化都非常巨大，要做好高校思想政治教育工作就必须要研究各类环境因素对教育的影响，不仅充分重视和利用环境，更要有意识地去改造环境、优化环境，创造有利的环境氛围来实现教育目的，从而做好教育工作。

一、高校思想政治教育环境的概念

高校思想政治教育的环境是指影响大学生思想道德素质形成和发展以及高校思想政治教育活动开展的具有内在逻辑联系的一切外部因素的总和。这有三点含义：一是指环境对大学生的思想道德素质形成和发展的影响；二是指环境对高校思想政治教育活动的影响；三是指环境的各种外部因素之间具有内在的逻辑联系。这些因素包括政治因素、经济因素、文化因素和思想因素等。

高校思想政治教育环境，是由诸多因素构成的。这些环境因素都会对大学生思想政治品德的形成和发展以及高校思想政治教育活动的开展产生影响，并且影响的内容和方式也会不一样。研究高校思想政治教育环境的类型，对高校思想政治教育活动的开展具有重要的意义。

二、高校思想政治教育环境的分类

（一）自然环境和社会环境

以环境构成要素的性质为标准，高校思想政治教育环境可分为自然环境和社会环境。自然环境，是由一定的自然物质如大气、水、生物、土壤、岩石、太阳辐射等组成的综合体。日月星辰、江河湖海、山川平原等，就是这种综合体的具体体现。自然环境是大学生赖以生存和发展的物质基础，它为大学生的健康成长提供必需的各种物质和进行活动的场所，对大学生思想政治品德产生一定的影响和作用。

社会环境是指人类社会在长期的发展过程中创造和积累的物质文化以及社会成果的总和。它包括政治环境、经济环境、文化环境、虚拟环境等。社会环境对大学生思想政治素质的影响是社会的经济关系、政治关系和文化关系等与大学生发生互作用的过程中形成的。自然环境和社会环境往往共同作用于大学生的思想，共同影响着高校思想政治教育活动的开展。

（二）宏观环境和微观环境

以环境构成范围的大小为标准，可以将高校思想政治教育环境划分为宏观环境和微观环境（也有学者将环境分为宏观环境、中观环境和微观环境）。宏观环境又称为大环境，包括国际大环境、国内大环境和地区大环境，它是指国际或我国或我国某一地区内各种环境因素的总和。微观环境又称为小环境，一般是指与人们的活动直接相关的局部环境因素，如家庭环境、学校环境、社区环境、同辈群体环境等。一般认为，在宏观环境和微观环境中，既有自然环境的因素，也有社会环境的因素。例如，在宏观环境中既有山川、河流、平原、草地等等自然环境的因素，也有经济、政治、文化等社会环境的因素。与自然环境相比较，宏观环境和微观环境中的社会环境因素对高校思想政治教育活动以及大学生思想政治品德的形成和发展施加的影响是主要的。

宏观环境和微观环境有着密不可分的关系，一方面宏观环境制约着微观环境；另一方面微观环境对宏观环境具有反作用，影响着宏观环境。它们之间相互联系，相互作用，共同对高校思想政治教育和大学生的思想政治品德产生影响。

（三）良性环境和恶性环境

以环境影响好坏性质为标准，可以将高校思想政治教育环境划分为良性环境和恶性环境或不良环境。良性环境是指有利于大学生良好思想政治品德形成和高校思想政治教育工作开展的环境。相反，阻碍大学生思想政治品德发展和高校思想政治教育工作进行的环境为恶性环境。"入芝兰之室，久而不闻其香""入鲍鱼之肆，久而不闻其臭""近朱者赤，近墨者黑"等都形象而深刻地说明了环境好坏对人的影响。高校思想政治教育者就是要善于利用和创造良性环境，引导大学生正确对待恶性环境。

（四）物质环境和精神环境

以环境构成的内容来看，可以将高校思想政治教育环境分为高校思想政治教育的物质环境和精神环境。高校思想政治教育的物质环境是指影响高校思想政治教育的各种物质因素的总和，它包括未经过人类加工改造的纯粹的物质环境和经过人类加工改造后的物质环境（即人化的自然环境），它涵盖了自然界中的人文环境、社会中的经济环境等。例如，名山大川属于前者，人文景观、爱国主义教育基地则属于后者。精神环境是指影响高校思想政治教育和大学生思想政治品德形成和发展的各种社会精神因素的总和。例如，社会制度、社会文化、社会风尚、社会舆论等都是精神环境构成的要素。

三、高校思想政治教育要顺应国际国内的宏观环境

国际国内环境的存在与发展相对于高校思想政治教育工作系统来说是既定的，不依人的意志为转移的，无论是高校思想政治教育工作的主体还是客体，都生活在其中并受它

的规定和制约。因此，面对复杂的、多变的国际国内环境，高校思想政治教育工作者的主要任务时对国际国内环境中的各种因素进行筛选和利用。

（一）要充分利用全球化环境的有利因素，更好地发挥高校思想政治教育工作的意识形态教育功能

1. 经济全球化的发展利于促进人们解放思想、更新观念

经济全球化所带来的多元文化、多元观念和多元生活方式，不仅拓宽了大学生的视野，而且打破了他们的封闭局限观念，使得大学生对世界各国经济、政治、文化等方面的优点和缺点有了更全面的了解，在比较中有目的地借鉴、吸收，做到洋为中用。同时，也使大学生对什么是社会主义和怎样建设社会主义有了更加深入和正确的理解，能够促使他们逐渐摆脱原有的错误认识，在对社会主义本质、特征和体制的认识上，都发生了巨大的飞跃，使建设社会主义的理论、方针和政策融会到经济全球化发展的大背景之中，打破了学生禁锢着的思维模式，形成了开放的新观念、新思维，实现了观念的变革和理论的创新。

2. 经济全球化的发展有利于为高校思想政治教育提供更为丰富的内涵

全球化中多元化的意识形态在对立和差异中并存、相互交流、相互融会的局面，为我国主流意识形态吸收全球化时代的合理养分丰富自身提供了良好的机会；也有利于大学生开阔视野，看到传统与现代的差距，找到长处和不足，寻求加强和改进我国主流意识形态建设的新的着眼点，增强主流意识形态的包容性和吸引力；还有利于学习和借鉴各国在对意识形态教育、管理手段以及管理方法等方面的先进做法，为我所用，增强高校思想政治教育工作的生机和活力，切实提高高校思想政治教育工作的实效性。

（二）充分发挥党和政府的主导作用，创建和谐稳定的社会环境

政府是社会改造的组织主体，理所当然也应是优化思想政治教育环境的主体。20 世纪德国著名社会学家诺贝特·埃利亚斯认为，"国家削平了人与人之间的多样性。……虽然国家机器以这样的方式将单个个人置入一种规范网络中，这种网络总的说来对所有的国家公民都一视同仁，但现代国家并不是将人当作姐妹或叔伯，当作某个家庭组织或其他前国家整合形式的成员来对待的 —— 现代国家这种组织形式考虑的是其成员的国家公民的权利和义务，因此，毋宁说，乃是把人当作单个者，当作个体人来对待的。在这个迄今最晚近的发展阶段上，此种国家的发展进程以它自己的方式推动了一种大众个体化的到来"。

可见，政府是构建思想政治教育社会大环境的主体，政府对社会环境的调控和改造对高校思想政治教育工作意义重大。

要放眼世界，开展国际间的交流与合作，构建资源整合的三角模式。思想政治教育环境不是单一的、封闭的，而是多维的、开放的。思想政治教育工作者可以利用改革开放、市场经济等有利环境，加强国际间的交流与合作。当前很多国家基本上都采取政府、社会组织和个体三者间双向联结的三角形模式，实现对个人社会角色的管理。当然这种三角模式的三级并非固定，也可以设计为国际组织、国内组织、个体，等等。例如，最早源于 20 世纪 70 年代创立的欧洲青年中心和欧洲青年基金会，该机构定期召开国际研讨会和工作会议，设立常设机构，督促各国青年思想政治教育工作的规划和具体落实，是一种国际组织、国内组织、个体之间的三角模式。又如，由英国、美国、丹麦、瑞典、日本、巴西等国家的十几所著名大学及德国青年研究中心发起的以青年群体为中心，研究不同群体与个体的思想和行为问题，优化组合环境资源的国际研讨会议，以整合环境资源，影响受教育者，以形成一种政府、研究组织、个人之间的三角模式，等等。构建资源整合的三角模式，可以开阔视野、增长见识，更好地把握国际环境、了解国外思潮，深化环境认识，为更好地整合各种环境资源，为受教育者的角色自觉创造更加开放、多元、有利的环境条件。

（三）大力发展文化事业，优化文化大环境

优化文化大环境，就是要引导人们去寻找与建立同经济体制改革、政治体制改革相适应的新的思想观念和新的文化观念，将价值观教育持久地渗透到文化活动载体之中。要用科学的理论武装人，用优秀的作品鼓舞人，努力繁荣文学艺术事业，大力发展哲学社会科学事业和其他文化事业，坚持各类博物馆、纪念馆、展览馆、烈士陵园等爱国主义教育基地的构建，培养学生的爱国情操。在进行参观的过程中，要对全社会进行开放，针对学生集体参观，应实行免票制度；如果是学生个人进行参观的情况，应实行半价制度。此外，处于不同地区的各级政府和企事业单位，要专门拨出一定的人力和物力，从而对大学生的公益性文化活动进行全面的支持。

为发展国内的文化事业，国家加强了对国内文化市场的管理，对于市场和网络环境中所流通的黄暴书刊和音像制品要坚决、迅速地予以打击。要依法加强对学校周边的文化、娱乐、商业经营活动的管理，在校园 200 米范围内，不得建设有经营性质的娱乐场所，同时也不得设置网吧和电子游戏经营场所。对于学校周围设置的，或是已经对学校的

正常教学秩序和生活秩序产生影响的娱乐性场所，要及时组织力量，坚决予以打击，为学生的学习创建一个安全、健康、文明的校园环境。

四、高校思想政治教育要不断优化家庭、学校和社区环境

思想政治教育环境是一个由众多子环境构成的巨系统，其中与人的日常生活、生产联系较为紧密的是家庭环境、学校环境、社区环境。在人思想品德的形成和发展过程中，这三种子系统发挥着重要的影响作用。因而，思想政治教育环境优化要求充分发挥这三种子环境的积极作用，坚持三位一体，形成强大合力，推动人的思想品德水平不断提高。

（一）优化校园环境，为高校思想政治教育工作提供健康的内部环境

学校是专门培养人才的特殊单位，是建立在一定社会关系基础上的社会组织体系。在学校中接受教育的青少年，他们的很多时间都是在学校中度过的，因此在对学生进行文化教育的同时，对他们思想道德的教育也不能放松，这对未来高品质人才的培养具有重要的作用。学校环境指的是，由学校的教职工、教育内容、校园文化、校风、教风、学风等诸多因素构成的境况。因此，想要提高对学生思想政治的教育水平，为他们提供一个良好的学校环境也是必不可少的，这是当前学校工作的重点。

想要提高学校对学生的思想政治，就必须要引起学校的重视，这样才能为学校思想政治教育提供足够的资金好硬件设备，在整体上为学校的教学环境创造一种健康向上的校园环境，这样才有助实现思想政治教育工作内容和形式的统一，从而获得良好的教育成效。也只有在这种情况下，才能鼓励广大教师对思想政治教育不断进行研究和探讨，提高自身的教学方法和模式，全面提高学生的思想政治水平。

校园文化是我国高校传承与开拓的助力剂，在高等教育中发挥着积极而重要的作用。积极进行校园文化环境的建设，对于大学生思想政治素质的提高起到了潜移默化的作用。

（二）优化家庭环境，为高校思想政治教育工作寻求有利的家庭支持

在所有的教育方式中，家庭教育是最有影响力和感染力的一种，这是因为，家庭成员之间具有特殊的血缘、依赖和亲情关系，其对青少年教育的人格形成和发展具有重要的影响作用，甚至会影响孩子的一生。家庭这种微观环境对教育对象具有启蒙奠基、信赖易感、潜移默化、连续不断的特点。从家庭教育的特殊性来看，其既是一种启蒙教育，是青少年的最先接触的"老师"，同时也是一种终身教育，是孩子的"终身教师"。优化家庭教

育环境，学校要保持与家长的沟通和联系，对家长进行思想政治、教育学、心理学等方面的理论教育，从整体上让家长认识到家庭环境在子女成长过程中所承担的重要责任，实现子女教育的科学性。在对孩子进行教育的过程中，还要不断提高自身的思想素质，为子女的教育起到良好的榜样作用，为孩子的教育创造一个和谐、民族、进取的家庭环境。促进青年大学生的健康成长，促使教育效果的实现。

（三）重视社区环境，为高校思想政治教育工作提供良好的社区环境

社区环境与家庭环境和学校环境相比，具有很大的不同之处，它犹如社会的一个缩影，成分复杂、良莠不齐。良好的社区环境既可以为家庭生活、学校工作提供必要的物质和精神保障，也可以成为家庭教育和学校教育的有益补充。著名教育家苏霍姆林斯基就曾经说过，单单在儿童上学和回家的路途上，他们受到的思想教育就比在学校里待几个小时所受的教育都强烈鲜明得多，其原因就在于这些思想是包含在形象里，包含在生活的各种画面和现实中的。从这里我们就可以看出，在对大学生的思想政治教育过程中，社区环境起着不可替代的作用。

1. 树立正确的舆论导向，创建优秀的社区文化

在为高校思想政治教育创造优秀的社会文化的过程中，应充分发挥大众媒体和社区宣传栏等媒体的宣传作用，树立正面典型，宣传先进人物、先进事迹，创造积极健康的良好的社会氛围，引导大学生树立正确的思想观念、价值取向、行为方式、生活情趣。

2. 以优化社区的文化环境为中心

社区环境中对大学生影响最大的是社区文化环境，因此，必须切实加强社区文化环境的建设和管理，为全面实施思想政治教育创造条件。对社区内已经存在的文化设施要不断进行完善，同时还要不断增加新的文化设施，保证社会坏境的新鲜性、趣味性与教育性的相结合，提高娱乐活动的质量，丰富人们的精神文化生活，使社区文化真正起到教育、调节当代大学生身心健康的良好作用。还要加强社区文化设施的管理，维护社区正常的文化环境，从而保证社区文化设施发挥良好的教育作用。

3. 加强大学生的安全教育，远离社区中的不良环境

社区毕竟是社会环境的小缩影，有很多方面高校是无法调控的，因此，要想为学生创造出一个良好的周边环境，就必须要对学校内部加强管理。对大学生的教育不仅只能是文化教育，同时还要对其进行安全教育、法制教育和大学生自我保护教育，提高大学生的

自我保护能力，促使学生能够自觉地抵制不良文化制品，尽量远离非法网吧和酒吧、歌舞厅。

需要注意的是，在对学生进行自我保护教育的过程中，还应当重视教师的正确指引和教导，主要表现在以下三方面。第一，教师要教育学生不要接触不良网络和录像，防止暴力和色情对自身精神的荼毒；第二，教师要告诫学生远离对自身身心健康发展有害的娱乐场所，避免自身的思想或是身体受到侵害；第三，教师应与学生之间建立良好的师生关系，经常与学生进行教育与沟通，帮助学生解决生活或是学习上的难题，教育学生要珍爱生命、关爱他人。

第四章

思想政治教育教学工作的探索研究

推进高校思想政治教育教学的改革和发展，是以习近平同志为核心的党中央对加强和改进高校思想政治教育所作出的战略部署中的一个重要环节，也是当前深化高校思想政治教育教学改革的一件大事。

高校思想政治教育教学之所以在高校具有崇高的地位，一个重要原因则是它担负者对大学生道德的一种教育。从这个意义上说，高校思想政治教育教学对大学生自身、对社会是一个十分基础的教学活动。对于大学生来说，没有良好道德品质，就不能够接受进步正确的政治思想、政治方向和政治立场。对于社会来说，没有良好的道德秩序，整个社会就不能健康有序地运行。

在新世纪新阶段，面对新的形势和任务，对大学生的思想政治教育，在全面做好各项工作的基础上，一定要把握主渠道的重要作用，对大学生进行正确的价值观教育，以主流意识形态为引领，不断提高大学生的思想意识，为全面建成小康社会做好准备。

第一节　高校思想政治教育理论课现存问题

在长期的教学实践中，高校思想政治教育理论课紧跟时代的发展，着眼于社会主义改革开放和现代化建设实际，为培养和造就合格的社会主义建设者和接班人起到了重要的作用。但通过对近几年来高校思想政治教育理论课教学的认真研究和反思，我们发现当前的高校思想政治教育理论课教学还存在种种问题。认真分析和梳理高校思想政治教育理论课教学中存在的问题，对我们进一步改革创新教学方法，整合和拓展教学内容，提高教学实效性有重要启示意义。

一、高校思想政治教育理论课的基本概述

（一）高校思想政治教育理论课的科学内涵

把握对象的内涵既是认识对象的基本手段，也是理解对象的首要途径。思想政治理论课作为一种特定的、专门化的学科理论，既具有一般课程论所共有的思想内涵，更具有与思想政治教育实践和思想政治教育学科紧密联系的特殊含义。了解和掌握高校思想政治教育理论课的内涵，对于更好地认识其面目和实质颇为重要。

既然是课程，大学生思想政治教育应该归属于学校教育的范畴之内，是学校所设置的一种日常教学项目。广义上说，课程是学校日常教学活动的综合，它不仅包括课堂教育，也包括教师通过开展实践活动对学生所进行的各种教育、教学活动。

概括来说，高校思想政治教育理论课具有以下几方面的基本内涵。

1. 高校思想政治教育理论课是一种学科课程

从课程类型的划分来看，高校思想政治教育理论课是针对大学生人生观的塑造而开设的一门专业课程，既然称之为课程必然有一套完整的学科理论，是一种以学术学科为基础进行教学内容选择的课程，其主要特点体现在以下三方面。

第一，以学科知识为本位，从现实需求出发进行课程设计和教学内容安排。

第二，以学科知识体系和基本逻辑体系为中心，并以此作为课程教育的基本线索。

第三，学科内容具有系统性，在教学中要对着些内容进行科学系统的学习。

思想政治理论课是大学生教育的重要组成部分，对我国大学生的发展与成长具有重要的作用。从课程内容的设置上看，当前大学生思想政治教育的主要课程包括《马克思主义基本原理概论》《毛泽东思想和中国特色社会主义理论体系》《中国近现代史纲要》《思想道德修养与法律基础》《形势与政策》5门。5门课总体上构成一个具有高度整体性的课程体系，《马克思主义基本原理概论》是课程体系的基础，《毛泽东思想和中国特色社会主义理论体系》是课程体系的重点，《中国近现代史纲要》是课程体系的主线，《思想道德修养与法律基础》《形势与政策》是课程体系的落脚点。学科建设是加强和改进思想政治理论课的基础。思想政治理论课教育教学所依托的学科是我国特有的一门政治性、科学性和实践性很强的学科，只能加强，不能削弱。设立马克思主义一级学科，开展马克思主义理论体系研究，开展马克思主义发展史、马克思主义中国化研究，开展思想政治教育研究。

2. 高校思想政治教育理论课是一种德育课程

德育课程是与智育、体育和美育等相对应的一种课程设置。德育注重大学生思想政

治素质以及道德素质的培养，是我国大学生必须接受的一种基本教育。

德育课程与智育课相比，二者虽然都以一定的知识体系和科学理论作为教育的基本内容，但是二者却有着很大的不同。德育课程是统治阶级思想与主张的体现，从某种意义上来说它体现着社会的性质以及阶级意志；德育课程的内容的设置更加注重受教者个体的修养与内在素质；德育课程的教学过程不仅是基本理论知识的教育，实际上也体现着思想政治教育工作过程的展开。

德育课程与体育课程相比，二者虽然都对实践教学具有很大依赖性，需要个体充分的体验才能完成整个教育过程，才能保证基本的教育效果，但是德育教育更加注重大学生素质与修养的养成，而体育教育更注重大学生身体素质的培养。

德育课程与美育课程相比，虽然都是提升个人内在素质，实现个人"软件"提升的教育，但是二者也存在很大的区别。美育教育主要针对大学生的个人情操和风度气度，而大学生思想政治教育则主要是针对大学生的政治素质开展的。

3. 高校思想政治教育理论课是一种公共必修课程

从我国目前大学生思想政治教育课程的设置上看。它是所有大学生必修的公共课，也就是说无论哪一专业的学生都必须学习思想政治教育基本理论知识。大学生思想政治教育理论课是由教育部统一设定的，任何学校不能私自取消该课程的学习，因此，它也被称为国家课程。

我们知道思想政治教育是通知阶级基本意志的体现，其课程内容的设置是整个国家共同信奉并尊重的一种价值理念，也正是因为如此高校思想政治教育理论课是一门十分严肃的学科。当然，类似思想政治教育的设置的这类课程在西方国家也存在，因为无论是哪种性质的国家，统治阶级的基本价值理论必须得到全社会的承认，才能保证统治的稳定。

4. 高校思想政治教育理论课是一种显性课程

从课程传授的渠道角度去讨论思想政治理论课，以课堂教学形式为主为显性课程，以课堂教学以外的学校情境间接的产生影响为内隐性课程。

高校思想政治教育理论课是大学生思想政治教育的主渠道，有比较完善的理论知识体系以及课程设置体系，而且对教材编写的规范性、科学性有着比较高的要求。

5. 高校思想政治教育理论是一种学生中心课程

从课程规划重点依据为出发点去讨论课程，以学科建设为主要依据的属于学科中心课程；以学生的身心发展需要为主要依据的属于学生中心课程；以社会需要为主要依据的属于社会中心课程。

思想政治理论课是我国大学生成才的重要保证保障，对大学生个人的成才、成长具有不可忽视的作用和意义。大学生的成长不仅仅是指身体上的成长，同时也是个人内心的逐渐成熟，因此在大学教育中在我们不仅要重视大学生的智力开发与文化知识的培养，也要加强大学生思想政治教育的培养，人生观价值观是一个人成功的基础，如果没有科学的价值观与人生观作为指导，那么大学生在很可能会因为错误的方面而走向自我堕落的深渊。

（二）高校思想政治教育理论课的作用

高校思想政治教育理论课的作用是思想政治教育作用的内在体现，并在教学互动过程中表现出来。结合思想政治教育的作用和教学实践，我们应该针对高校思想政治理论教育的现实状况，充分利用现代教学方法，充分发挥思想政治教育理论课的积极作用。

1. 整合思想政治教育渠道

在高校，教育者可以通过各种各样的渠道和方式对学生进行思想政治教育，比如显性教育与隐性教育，直接教育与间接教育、理论教育与实践教育等。可见，思想政治教育的方式和渠道有很多，对学生的影响也是多方面的，但在这些有组织、有计划的教育活动开展之前，思想政治教育只是零星的为学生所接触，它能够起到的效果也可以忽略不计。因此，学生进行思想政治教育需要对不同的教育渠道和教育方式进行规划与整合，充分发挥每种教育渠道的教学特点，全面而具体的对学生形成影响，促进他们理知识的转化，提高思想政治教育理论课的教学效果。整合思想政治理论课教育渠道的目的是将分散的、零星的教学方式统筹起来，从而更加全面实施课堂教育，促进大学生思想政治素质的提高。

2. 引导思想政治教育发展

引导思想政治教育的发展我们可以看作思想政治教育理论课对思想政治教育发展的"导向作用"。这种导向作意味着思想政治教育理论课体现着思想这政治教育的目的和方向，并能够对思想政治教育发展的方向和目标的实现造成直接影响，只有具备这个条件思想政治教育理论课才能引导思想政治教育的发展，成为思想政治教育发展的"向导"。思想政治教育的实施过程中，实际上就是将理论和社会实践中的主导价值观，转化为学生思想政治观念的过程。理论教育对实现这种转化具有重要的作用，因为学生接触、接受和吸收这些知识大部分都是在课堂上完成的，因此，我们说思想政治教育理论课能够影响思想增值教育的目标和方向。

思想政治教育理论课可以为学生提供理想信念导向，为他们理想信念的形成提供帮助。每个人都有自己独立的思想，并且根据自己的价值判断对自己所见到的事物进行评价和取舍，符合自己价值观的事物更容易被人们接受，而不符合自己价值取向的事物往往被人们排斥。思想政治教育理论课向学生传递的是符合社会利益和人类发展利益的价值观，对学生理想信念的形成能够起到很好的引导作用。行为方式导向是指按照道德、法纪的准则、要求进行导向。理想信念导向、奋斗目标导向、行为方式导向，是三个不同层次的导向，这三个层次的导向既是相互区别，又是相互联系的统一整体。

3. 促进学生个人素质提高

思想政治理论课不仅具有促进个体思想道德的社会化，形成社会所需要的思想道德素质的作用，而且增进了学生个体的发展，具有发展性作用。

思想道德素质发展就是接受和选择社会价值并且把文化上得到公认的思想、情感和行为内化的过程。而个体人格和品德的发展对整个人的素质发展起着十分重要的作用。现代化最主要的是人的现代化，它不是外加于人的社会现象，从根本上说，它不过是人自身的表现，是人的主体性表现。德育要为人的主体性发展服务。道德的规范性，作为对人自身的改造，其根本目的不仅仅是为了限制，而是为了发展。因为人需要道德，不是限制人自身，而是为了使人摆脱自然必然性的控制，成为真正控制自己的自由人。只有道德才最终把人从动物中提升出来，成为文明人。

思想政治理论课程教育是使个体思想道德观念得到提升的最本质的力量。从思想政治理论课程教育的社会性作用来看，理论是一种指导社会发展的力量和动力，任何一种社会实践活动，如果没有科学理论指导，必定是盲目的实践活动，只有在科学的理论指导下，才能使整个社会得到更好的发展。马克思主义理论是无产阶级和广大劳动人民认识世界和改造世界的武器，马克思主义理论不仅具有意识形态的作用，而且具有促进社会发展的作用，它导引社会按照人类社会历史发展规律发展。

4. 促进高校美育工作开展

高校思想政治教育的主要对象是大学生，他们思想活跃，充满活力，他们的思想领域是一个复杂而敏感的利于，这种特性也决定着高校的思想政治教育课必须要有针对性才能起到更好的效果。美育是着眼于培养全面、博学、高尚的社会成员，它与思想政治教育有着紧密的联系，并在内容设定上对思想政治教育产生一些独特的影响。从某些意义上说，美育也是思想政治教育的一部分，因为美育更多是指对学生心灵美的内在教育，这与思想政治教育的目的是一样的，二者只是在"心灵美"的范围和主体上有所差异，因此在思想政治教育中，我们完全可以利用美育的相关内容和方式作为思想政治教育的手段，提高人们思想境界而后层次。

5. 提高大学生政治素质

政治作用对思想政治教育有重要的影响，在政治多极化的今天，它并没有被削弱，而是会随着新形势的发展和国际矛盾的增强而进一步发展。思想政治教育理论课的政治作用与政治形势有紧密的关系，随着政治的变化而变化。政治同其他的事物一样，也是不断变化和发展，无论是国际局势的变化、国内矛盾的变化，还是经济状况的变化都会引起正政治局势的变动，思想政治理论课的政治教育作用也随之而变化。

以经济建设为中心是在确立的基本发展路线，与其说是经济发展计划，不如说是一项政治政策，经济与政治本身密切的联系也决定了二者不可能划分清晰的界限。党制定的基本发展路线是以全体人民的利益为出发点，以我国现阶段的基本国情为依据制定的，具有无可争议的科学性，这一带有全局性与战略性的发展政策，即体现着国家对经济发展的重视，又体现这国家政策的决定权。因此，在现行的思想政治理论课教学中，执行党的基本路线，坚持以经济建设为中心，不仅是经济任务，还是无可推卸的政治任务，思想政治教育理论课教育必须明确这一点，才能正确认识思想政治教育的政治作用。

6. 满足当代青年精神需求

精神需求的满足是指，使每个个体实现其某种需要、愿望（主要是精神方面的），从中体验愉悦、快乐、幸福，获得一种精神上的享受。

一般而言，通过德育形成了个体的一定的思想道德素质。这种凝聚于个体自身的思想道德，一方面具有它的工具价值，它使个体与他人、群体、社会的各种关系能得到协调发展，它为合理的人际关系、和谐的社会状态提供必要的条件，以满足社会、群体与他人发展之需要。另一方面，这种个体的思想道德素质还具有一种本体的价值，也即说各种德性本身就具有满足个体需要之价值。个体内在地把各种德行的形成、道德人格的发展作为自身的一种需求，通过德育使这种需求得到满足。这就是本体价值的体现。

与德育的个体享用作用相同，思想政治理论课程的个体享用作用也体现在通过发展与完善人的思想道德素质，满足了人的一种精神需要。思想政治理论课程教育不仅能使大学生思想道德素质得到提升，而且使学生在学习思想政治理论课程内容、听思想政治理论课程教师的讲授和思考思想政治理论课程相关问题的过程中，获得审美的愉悦和灵魂的升华。

7. 稳定社会经济发展

思想政治教育不仅具有政治作用，同时也具有经济作用，并且其在经济发展中的作用越来越突出，在理论界也逐渐受到了学者们的重视，开始对其进行研究。思想政治教育理论课的经济作用主要通过教育对象、目的等方面表现出来。思想政治教育的对象是学生，高校教育的目的是提高学生的综合素质，帮助他们获得生存和发展的能力。人在经济活动中是最活跃的因素，也是决定经济发展的核心因素，高校是否能够培养出爱岗敬业、乐于奉献的经济主体，对我国经济的发展具有重要的意义和作用。如果学校培养的学生进入社会后，缺乏进取心，抱着得过且过的心态参加工作，会对我国经济的发展造成不良的影响，从中我们可以体会思想政治理论课教育的经济作用。

二、高校思想政治教育理论课主体存在的问题

一般认为，教师是思想政治理论课的主体，学生是思想政治理论课的客体。事实上，教师与学生都应该被当作是思想政治理论课的主体，"双主体论"认为，无论是教育者还是受教育者都是实践、认识、学习活动的人，都是主体，而不是客体。但无论是教师还是学生，在思想政治理论课的教学创新中都表现出了一定的问题。

（一）学生方面存在的问题

1. 积极性不高，对思想政治理论课漠不关心

思想政治理论课在学生方面出现的问题最明显的就是学生的学习积极性不够高。一部分学生，在教师不点名的情况下，出勤率很低。即使到教室里上课，也很少做笔记或认真听课，大多时候不是看其他书，就是趴在桌子上睡觉，或是跟别人聊天、玩手机，课堂秩序差。针对思想政治理论课中采取的各方面的创新形式和内容，部分学生也表现出漠不关心的态度。

2. 认可度不高，对各种思想政治理论课要求不配合

随着社会主义市场经济体制的建立，以及西方一些所谓的"自由""人权"思想的影响，一部分学生对马克思主义理论的基本内容出现了不认同感。他们或是受实用主义的影响，认为思想政治理论只是一种空洞的口号、理论，或是结合社会中看到的一些表面现象以及社会中出现的问题，对社会主义的体制产生了怀疑，从而对思想政治理论课的教学内容产生了不认同感。而这种不认同感在思想政治理论课的创新中就表现为对创新的漠不关心和对各种新的教学方法和途径的不配合。

3. 无法坚持到底，对思想政治理论课的认知随波逐流

根据调查显示，一部分学生对思想政治理论课起初非常感兴趣，上课前能按时到教室，上课时认真听讲，积极回答问题，课后也能按要求完成作业。但随着时间的推移，往往会有学生产生厌学情绪，课上看其他书籍或漫不经心，缺勤旷课、迟到早退情况也比较多。大多时候都是教室师在唱"独角戏"，学生对思想政治理论课的兴趣无法坚持到底。

（二）教师方面存在的问题

1. 舍本逐末，违背了思想政治理论课的教学目的

"本"既指思想政治理论课的主要内容，也可以是思想政治理论课所采用的教材。"末"是指教材中没有而又必不可少的内容。在思想政治理论课的教学创新过程中，教师往往增加一些教材中没有的东西来调动学生的积极性。这种教学方法无可非议，也有利于扩大学生的知识面，培养学生对某些问题的洞察力。但是过于侧重"末"，而逐渐忽视了"本"，或是任由"本"被"末"掩盖，便不可取了。这违背了思想政治理论课的教学目的。"舍本逐末"在高校思想政治教育理论课的教学创新中，还表现为思想政治理论课教师单纯追求教学形式的创新，而忽视了教学内容的整理与优化，以至于思想政治理论课教学创新达不到预定的目标。

2. 自导自演，忽视了学生的配合

思想政治理论课的教学创新是需要师生互动完成。虽然近几年来，开始注重采用互动式教学，发挥学生在课堂上的积极作用。但是我们发现，思想政治理论课的课堂教学还是属于教师的"独角戏"。很多时候都是教师在讲台上讲的天花乱坠，学生在下面却无动于衷，没有丝毫反应。另外，有些教师对师生互动的理解局限于"提出问题 —— 回答问题"，单纯地提出问题让学生回答，并不考虑学生的知识基础和关注焦点，最终陷于自导自演的境地，即平时所谓的"冷场"。另外，自导自演也表现为思想政治理论课教师只追求形式，而忽视了学生在教学过程的及时反馈和表现出来的问题。

3. 重言传轻身教，教学流于形式

人们常说"言传身教"，可见，"言传"与"身教"是教学理念中不可或缺的两部分内容。但是，在很多情况下，人们往往重视"言传"而忽视了"身教"。在思想政治理论课中，人们往往认为教师只需要口头宣传党的理论、方针和政策。其实，教师的"身教"，以道德楷模的方式来对学生进行引导，比口头宣传更具有说服力，也更容易让学生接受。

三、高校思想政治教育理论课课堂教学存在的问题

（一）教学方法简单

在传统的思想政治理论课的课堂上，教师单纯地借助口头语言，进行"填鸭式"的教学。现代的思想政治理论课课堂上，虽然出现采用了多媒体课件等现代的教学方式，但内容也只是把教材上的文字放到课件中，课件制作质量不高，难以全方位激发学生的兴趣。同时现有的思想政治理论课课堂忽视了实践教学的运用，缺乏说服力。

（二）教材适用性差

首先，思想政治理论课是一门实效性极强的学科，它的教材内容必须紧跟时代的发展。其次，针对不同专业、不同基础、不同地域的学生，采用统一教材，忽视了个性的差异。

（三）教学内容重复陈旧

思想政治理论课教学的内容有许多在中学课本上就已经具有，到了大学仍然存在，大学老师所教授的内容在高中时期很多都已经讲过。因此，学生听到大学老师念经般的授课，自然会形成吃嚼过的馍备感无味的淡漠心理，甚至导致厌烦情绪的产生。同时，思想政治教育理论课教育的内容虽然具有普遍的指导意义，但是面对当前的社会和经济发展形势已经不能满足教学的需求，如果还继续使用旧内容进行课程安排，其能够起到的作用我们可想而知。总结起来目前思想政治教育理论的内容老旧主要体现在以下三点。

第一，缺乏理论课教育应用，缺乏新视角、新手法，不能充分发挥思想政治教育理论课的主渠道作用。

第二，当今的社会状况已经发生了很大变化，而思想政治教育理论课教育的内容却没有及时进行更新，一些新的原理和观点没有及时地被吸收进来。

第三，新兴学科、交叉学科以及边缘学科的相关知识与思想政治教育理论教育联系甚为紧密，但是当前的思想政治理论课教育中却没有对这些知识进行了充分的利用。

（四）理论教学与实践教学割裂

高校思想政治教育理论课是由两个部分组成的，它不仅包括思想政治教育理论课堂教育的部分，还包括实践教学部分。在进行高校思想政治教育理论课教育的过程中要充分结合实践教学的优点，提高高校思想政治教育的效果。

1. 理论教学

就理论教学的开展状况来看，思想政治教育课在我国所有高校中开设，其覆盖面积和执行状况都处于比较理想的状态。只有加强理论教育，以课堂教育为基础才能不断开发和尝试大学生思想政治教育的其他教学方式。

2. 实践教学

实践教学既是巩固课堂理论教育的重要途径，也是对课堂理论知识的延伸和深化，如果学校在教育中不重视实践教学，那么高校思想政治教育职能停留在理论阶段，并不能体现出思想政治教育的作用。就目前我国大学生开展社会实践的状况来看，多数高校没有有效的执行，也没有形成一套具有针对性的实践教学体系，实践教育的状况不容乐观。

第二节　高校思想政治教育理论课建设的优化与创新

当前形势下，高校面临的全球政治、经济和文化日新月异变化的外部环境以及当代大学生对思想政治理论课教学提出的更高要求，加强高校思想政治教育理论课教学理论和实践研究，推动高校思想政治教育理论课教学扎实有效和可持续开展，不断增强高校思想政治教育理论课教学的针对性和时效性，是高校思想政治教育理论课教学面临的一项重要而紧迫的任务。

一、高校思想政治教育理论课的教学模式

（一）高校思想政治教育理论课的实践教学

实践教学能够促进我国大学生更加深刻地了解理论知识和实践知识。所以充分的运用实践教学显得特别重要，然而当前我国思想政治理论课实践教学的实际状况并不令人满意。我们认为，改善我国思想政治理论课实践教育应该在实践教学的形式和资源上做到两手抓两手都要硬，一方面积极拓展实践教学所需要的各种形式；另一方面积极开拓实践教学的教学资源。

1. 实践教学的地位与价值

（1）实践教学的重要地位。

实践教学在思想政治教学中的重要地位主要体现在两方面。其一，实践教学与理论课教学在教学手段、组织形式和教学方式上有着重要的差别，这直接决定了实践教学有着理论课教学所不具备的优势，因此在思想政治教学之中实践教学是不可替代的。理论课教师要在思想上形成新的观念：实践教学与理论课教学对于教学是相互促进、相辅相成、相得益彰的。其二，实践教学与理论课教学在教学目标和理论支持上具有共性。实践教学和理论课教学都是以马克思主义理论为支持，以培养全面发展的四有（有纪律、有理想、有文化、有道德）新人为目标。

实践教学与理论课教学的差异与共性决定了在思想政治理论课教学中实践教学的地位是不可替代的。在高校思想政治理论课今后的发展中要形成实践教学与理论课教学相互促进的机制，更好地完成思想政治课理论教育的任务。

（2）实践教学的重要价值。

理论联系实际既是党思想路线的重要内容，也是思想政治教育教学改革的一条主线。思想政治教育要实现与时俱进不断创新，就必须要重视实践教学。具体来说实践教学具有以下两点重要价值：①实践教学是思想政治理论课教学改革的战略选择；②实践教学是思想政治理论课与时俱进的客观要求。

2. 实践教学的几种基本形式

（1）课内实践教学形式。

探索课内实践教学形式是实践教学形式的重要组成部分。课内实践教学一方面能够节约实践教学经费；另一方面则能够提高实践教学的效率，把实践教学向深层次推进。结合现代教育学理论以及当前思想政治教学实际，我们认为思想政治课内实践教学的形式主要有以下四种：①课堂讨论；②模拟教学；③视频资料观赏；④思想政治小组教育。

课内实践教学形式由于地点的限制实施起来往往还不太灵活，但是由于其自身在效率和经费上的特点，实施起来则显得稍微容易。针对课内实践教学形式的这两个特点，思想政治理论课教师应该积极创造新的课内教学实践形式，克服掉思想政治理论课教学本身的缺点。

（2）课外实践教学形式。

探索课外实践教学是思想政治理论课实践教学的另外一个重要组织形式。课外实践教学通过有组织、有计划、有目的地把实际生活引入到思想政治教育之中。这种引入的效果也是显而易见的。课外实践教学能够把社会实际和人民生活状况引入到大学生学习之中，从而实现大学生以社会为课堂，以人民为教师的目的，实现大学生结合社会实践提高自身能力的目的。

课外实践教学的形式可以分为阅读研究性、参观调查型、校园文化活动型等。当前思想政治理论课课外实践教学实践形式探索应该根据新的教育教学形式的要求进行创新，而且还要结合社会发展的现状。

（3）虚拟实践教学形式。

探索虚拟实践教学是在互联网络技术兴起之后的产物。虚拟实践教学活动与社会实践教学和课内实践教学活动共同构成了立体多维的实践教学体系。

网络是大学生获取知识的一个重要平台。大学生通过互联网信息检索系统，能够获取到与自己生活相关的多种信息。作为关心大学生生活的需要，思想政治实践教学应该和网络结合起来，在网络上开展网上调查，制作思想政治实践教学网站，开设与思想政治实践教学相关的短视频、微博以及网络论坛。

3. 整合实践教学资源

教学资源整合是指对思想政治理论课实践教学活动中所需要的各种要素的开发和利用。

（1）实践教学资源的构成和分类。

思想政治理论课实践教学的资源要素众多，构成丰富。一方面包括以自然形态存在的非生命的自然资源；另一方面包括实践教学所用的人力、文化、科技、信息等社会性资源。其中，社会性资源是高校思想政治理论课实践教学资源的主要部分。通常社会性资源主要包括社会活动中与学生生活体验和思想政治理论相关的各种实物。通常有学生的生活体验、革命历史遗址遗迹、各种多媒体影视资料、蕴含着丰富教育价值的人文景观、社会生活以及网络生活。这些都是开展思想政治理论课实践教学的宝贵资源。

按照不同的标准，思想政治理论课实践教学资源有多种不同的类型。以存在形式划分，实践教学资源可分为自然资源和社会资源；以物质属性划分，实践教学资源可分为物质资源和精神资源；以时间划分，实践教学资源可分为历史资源、现实资源和未来资源；以空间划分，实践教学资源可分为校内资源和校外资源；以发挥作用方式划分，实践教学资源可分为显性资源和隐性资源；以发展状态划分，实践教学资源可分为静态资源和动态资源；以资源载体划分，实践教学资源可分为传统资源和网络资源。

（2）实践教学资源的开发、利用和管理。

实践教学资源的开发、利用和管理是影响实践教学活动实施效果的重要因素。因此，在实现思想政治理论课实践教学发展的过程中，除了要积极拓展思想政治理论课教学所需要的各种实践教学资源，还需要对实践教学资源进行有效的开发、利用和管理，为实践教学的顺利开展提供在质和量上有保证的实践教学资源。由于实践教学资源的种类众多，无法一一详述，这里仅选择一些重要的内容加以论述。

第一。校内实践教学资源的开发、利用和管理。校内实践教学资源是思想政治实践教学资源的主体。这一资源包括与思想政治实践教学相关的各种校内资源。这些资源主要包括思想政治理论课修读学生、学校党政干部和共青团干部、学生辅导员和班主任、实践教学对象地区的干部群众等。校内实践教学资源是开发利用实践教学其他资源的主体，在思想政治理论课实践教学之中具有一定程度的主导性。因此，思想政治理论课实践教学的校内资源的管理水平直接决定着思想政治实践教学工作开展的水平。因此，要加强思想政治理论课实践教学校内资源的开发、利用和管理。

第二，实践教学基地资源的开发、利用和管理。实践教学基地是校外实践教学的重要元素。实践基地开发水平的高低实际决定了校外实践教学开展的水平。因此，为实现课外实践教学的顺利开展，学校应积极与校外单位合作建立一个长期稳定的实践教学基地。校外实践教学基地可以是实验室、博物馆、历史遗迹、名人故居，等等。实践教学基地应按照环境友好、主题鲜明、功能完善、管理规范、相对稳定的思路建设，最终实现课外实践教学的全面推进。

实践教学资源的开发还包括虚拟实践教学资源的开发。虚拟实践教学资源的开发与现实社会的实践教学资源开发尽管在技术手段上存在重大的不同，然而在建设和管理思路上却是大同小异。因此这里不再分析。

（二）高校思想政治教育理论课的案例教学

1. 高校思想政治教育理论课案例教学的内涵

目前常见的案例教学主要有两种类型：一是"从例到理型"，即教师引导学生经过一系列的分析过程从实际的案例之中找出案例所蕴含的理论知识；二是"从理到例型"，即在教师的启发指导下，学生运用案例来解释和证明之前学习过的理论知识，深化对于理论的认识，并获得解决实际问题的能力。总结而言，这两种类型的案例教学虽然有所不同，但是都满足认识发展的一般规律，在进行思想政治理论课教学的过程之中，这两种方法都可以运用。

深入理解案例教学，需要将案例教学与举例进行区分。案例教学与举例的区别体现在以下几点。

（1）案例教学模式是指通过案例的交流和互动帮助学生调动学习兴趣、提高分析问题和解决问题能力的教学模式。而用事例说明问题是受到思想政治课理论教学本身特点所制约的，也是思想政治理论课教师讲解知识的常用手段。思想政治理论课的理论较多，而且具有一定的抽象性和概括性，运用事例可以将晦涩难懂的理论知识深入浅出，便于学生学习和了解。

（2）案例教学法的教学程序是：案例—理论—案例，案例是教学的出发点和最终归宿，探究案例的目的是为了学习理论，学习理论的最终目的是运用理论解决实际生活之中多遇到的各种鲜活的案例。而举例教学的教学程序是：理论—事例—理论，理论变成了教学的出发点和最终的归宿，掌握理论的过程需要我们对事例进行深刻的分析，但是分析事例的目的是为了我们能够更加深入地掌握学习的理论。

（3）案例教学所运用的案例是真实的，是蕴含理论知识的，这些案例常常充满了疑难问题，在对这些案例进行分析的过程之中，可以从多个角度入手，获得多种解决办法。但是举例教学中的事例可以是真实的，但是也可以是虚构的，只要所列举的事例能够和所要讲述的理论联系起来，这样的事例就是有价值的。

（4）案例教学模式在发展的过程之中逐渐形成了成熟的教学模式，其具有特定的操作程序和要领，而举例教学一般是讲授、讨论等传统教学方法的辅助形式，一般由教师随性发挥，不具备成熟固定的程序和要领。

2. 高校思想政治教育理论课案例教学模式的分类及所需条件

（1）分类。

案例讲授法。案例讲授法是以教师为主，通过教师对案例的讲解，说明教学内容，使案例与课程的基本理论融为一体的方法。案例讲授法根据教学要求的不同可分为以下两种。一是用案例来说明理论；二是以讲授基本理论为主，案例起到例证的作用。前文有过详细的论述，这里就不再赘述了。

①案例模拟法。案例是现实生活之中情景的文字表述，真实地还原案例发生的情景能够给人以身临其境的感觉，在教学之中运用案例模拟能够增加学生对于当时情景地理解。案例模拟法即是按照案例中的具体情节，由学生扮演案例中的角色，再现案例情境，给学生以真实、具体的感受，然后引导学生对模拟的案例进行评析。

②案例讨论法。案例讨论法是在教师的指导下以学生为主体对案例进行讨论分析的一种教学方法。案例讨论法能充分调动学生学习的主动性和积极性，增强参与意识，提高学生独立思考问题、分析概括问题的能力以及口头表达能力，营造生动活泼的教学氛围。讨论法在具体的施教过程中又有四种方式：讨论式讨论法、辩论式讨论法、研讨式讨论法、网络研讨式讨论法。

③案例作业法。案例作业法是通过学生在案例教学课后撰写课后研究论文或调查分析报告的形式，或者在课后和单元练习及考试时，引入典型案例，来提高学生总结分析问题的能力以及语言表达能力的一种方法。在思想政治理论课案例教学中这也是常用的方法之一。案例作业法根据完成主体的人数可以分为独立作业法和小组作业法。

综上所述，现实生活之中可供我们选择的思想政治理论课案例教学模式有很多种，只是在具体选择哪一种形式时，我们需要根据教学目标、学生已有的经验和学习任务等具体因素来确定。

（2）所需条件。

①主观条件。采用案例教学所需的主观条件主要包括以下三个：第一，思想政治理论课教师的教学积极性、创造性和主动性。第二，教师的深厚的理论功底和自如地组织课堂活动的能力。第三，学生参与教学的主动性和积极性。

②客观条件。采用案例教学所需的客观条件主要有以下两个：第一，丰富的案例资源。第二，其他各种可供补充教学的教学手段。

3. 高校思想政治教育理论课案例教学模式的操作程序

（1）教学目标的确立和教学计划的制订。

根据课程的进度确立相关教学单元的教学目标，将总目标细化为具体的教学目标。再根据相应目标制订教学计划，需要注意的是在确立教学目标和制订教学计划时，需要把教学目标、教学计划与案例进行有机的结合。

（2）具体教学环节。

总的来说，案例教学的具体环节有以下四个阶段："理论准备 — 案例研讨 — 创造迁移 — 撰写报告"。

第一阶段，理论准备阶段。

进行必要的理论讲解。思想政治理论课采取案例教学对学生的素质有一定要求，这需要在案例研讨展开之前，教师要向学生讲解教材中的相关概念、原理及其关系。这是因为思想政治理论课的概念和原理具有很强的抽象性和概括性，理解起来一般比较困难，如果不由教师专门介绍的话，学生可能由于缺乏必要的常识而使案例研讨无法展开。但需要注意的是，理论讲解应以介绍基本知识和学科框架为主。

选编合适的案例。选择的案例对于案例教学最终的结果具有重大的影响。适合的案例应该满足以下五个方面的特征：第一，适合教学目标。具体来讲，所选择的案例能够反映和支持所要学习的思想政治理论；第二，具有时效性；第三，具有启发性和实践性；第四，具有一定的难度和前瞻性；第五，具有典型性和普遍性。

第二阶段，课堂案例探讨。

呈现案例。根据案例材料的载体形式，采取相应的呈现方法。在向学生呈现案例过程中，教师要引导学生把注意力集中到案例所反映的与教学内容相关的问题上去，通过对案例的感知使学生进入特定的事件情境中。在学生了解案例的内容后，教师可指导学生结合阅读课文有关内容，对案例中提出的问题进行分析思考，做好讨论的准备。

分析讨论。观看案例，经过分析，在对案例有了基本的了解的前提下，可以进入到下一个环节，讨论案例。讨论方式大体可分为三种：全班的大讨论、分组进行、辩论。教师在讨论过程中，需要做到以下五个方面：第一，心态上要实现民主、平等；第二，要创造良好的自由讨论的气氛和环境；第三，设法使学生成为讨论的主角；第四，不要直接表露自己的观点，以免使学生产生趋同心理；第五，精心设计讨论的问题，并充分准备相关材料，既要让学生有话可说，还要引导他们从不同的角度来说。

总结归纳，消化提升。讨论结束时，教师应根据教学要求和学生对案例的评析，进行归纳小结。这是对前一个阶段案例教学的概括和提升。总结并不是说出某个案例的标准答案，而是在再次整理本次案例讨论所涉及的理论知识，指出本次讨论的不足之处与成功之处。并对学生的表现加以评价，以激励学生下次更加积极地参与讨论。

对学生在案例分析讨论中表达的观点，教师在归纳小结中不必强求一律，而要用科学的思想方法，引导和启发学生做进一步的思考。讨论达到一定程度后，教师应针对案例及时进行分析讲解，梳理思维过程，概括出规律性的知识。最后知识点的归纳可由学生来做，以达到完成理论知识学习的目的。可以在这个时候给学生提一些问题，引发他们的进一步思考。通过反思，使学生能够掌握理论和实际的契合点，在学习了理论的同时，也抓住了实际。

为了加深学生对案例的理解，案例分析结束后，教师还可要求每位学生写案例分析报告，一方面综合同学在案例课上的观点；另一方面可以进一步地深入思考。引导学生进行归纳概括，形成结论。通过这种概括和总结，将有助于学生更迅速更广泛地实现知识能力和态度的迁移，从而富有创造性地解决新问题。

第三阶段，创造迁移。

创造迁移是案例教学模式的巩固应用环节，主要是使学生把学到的基本知识和方法迁移应用。思想政治理论课案例教学的宗旨不仅仅是让学生掌握具有普遍指导意义和广泛适用性的观点、原理和规律，在学习中培养态度、发展能力，还有其更高的目的，那就是希望学生借助这些普遍的知识、能力和态度指导实践，举一反三、触类旁通地发现和解决更多的新问题。因此，在案例研讨结束后，教师要继续给学生提供创造迁移的实践机会，以进一步提高学生创造性解决问题的能力。

第四阶段，撰写报告。

教师应指导学生把口头表达上升为文字表达。学生通过对所讨论案例进行系统地思考总结，既可以提高学生的文字表达水平，也可以帮助学生对案例研讨的过程和脉络进行梳理，从而增强他们的逻辑分析能力和总结概括能力。

（三）高校思想政治教育理论课的网络教学

1. 自主学习平台 —— 培养学习能力方法

随着网络时代的到来，世界呈现出前所未有的多元化形态，这给高校学生自主学习能力带来新的要求和挑战，如何从纷杂的网络资源中挑选出适合自己需要的有效资源，并达到相应的学习目的尤为重要。设置的自主学习平台旨在帮助学生确立学习目标，为学生提供自主选择课程进行研习的机会，并能让学生对自己学习的效果进行及时评价，进而优化学习效果，提升自我认知的程度和自我教育的能力。

（1）学习动机自我激励板块。

动机在一定程度上属于心理学的范畴。因而，从心理层面来说，动机指的是能够激发个体朝着一定目标持续活动的动力，当然，也可以说成是一种内在的心理状态。有效地激发学生的学习动机可以使学生明确学习目标，积极主动投入学习之中，增强学习效果。学习动机自我激励板块的设置正是体现了这一目标，通过"心理测验""心理游戏""励志故事"等内容引导，可以帮助学生进行自我激励，确立学习态度，从而进行自主学习内容的选择和研究。

（2）学习内容自主选择板块。

当学生的学习目标确立下来，并且学习欲望被激发出来，此时，学生就会进入下一个阶段，即可以自主选择学习内容，这个阶段也被称作学习内容自主选择板块。此板块的设定以思想政治理论课教学内容为主，设置"马克思主义基本原理概论""毛泽东思想和中国特色社会主义理论体系概论""思想道德修养与法律基础""中国近现代史纲要""形势与政策"等思政课课程的视频、教学内容、教学方法、课程内容解读等学习资源。在每一项思政课课程的选择框上,学生可以点击进行简单操作。选择哪一项,点击后就可以链接到对应的精品课程网站或学习资源中,使学习资源得到最优化利用。此外,还可以链接一些如"思想政治教育""心理健康教育""生态文明教育""情感教育"等方面的课程,满足不同学生的学习需要。

(3)学习效果自我评价板块。

传统的学习平台,往往只停留在为学生提供更多更丰富的学习资源的层面上,缺乏学生及时对自己的学习效果进行评定的功能,学生只是单向度地学习,缺乏对自己学习情况的掌握,也使学习平台缺乏一定的实效性。通过设置学习效果自我评价板块,使每组问题都对应一类答案,每一类答案都链接了一个效果评定,学生通过效果评定除了可以了解到自身学习效果的同时,还可以获得学习进度安排、学习资源优化利用、学习方法等方面的指导。这种方式既提升了学生进行自我评价的能力,还使学生根据自身情况调节学习进度和方法,进一步调动了学习思政课的积极性和主动性。

2. 虚拟教学平台 —— 教学实践形式

互联网的虚拟性及超时空性需要在新模式中添加虚拟教学平台。设置的虚拟教学平台旨在通过虚拟教学活动板块及虚拟实践活动板块的设定,虚拟现实讲课机制,学生可以根据自身情况选择虚拟现实讲课机制中教案的撰写、授课方法的创新以及评价等进行网上虚拟演练,帮助学生获得学习体验,提升学生对理论知识的理解能力和动手实践能力。

(1)虚拟教学活动板块。

在现实教学活动过程中,授课教师往往占有主导地位,学生多是在教师引导下进行参与性的活动,很少具有主导教学活动的机会,学生缺少教学体验。设置的虚拟教学活动板块,主要具有两个功能:其一,学生可以自主选择最感兴趣的思政课程或较为薄弱的章节进行学习。其二,学生可以体验教师讲授思政课的感觉。学生进入虚拟教学特定空间后,点击开始按钮后,进入教学系统,并借助话筒和录制系统,进行虚拟教学。学生在进行教学录音的同时,在屏幕上会同步出现教案版面,学生可以根据自身需要选择预先设定好的优秀教案,也可以选择自己写教案。在学生体验虚拟教学的过程中,会有高校教师、专家学者及其他学生参与其中,可随时提出问题,并进行教学互动等。

(2)虚拟实践活动板块。

为学生提供一个展现自我才华的实践平台,对学生的自我实现来说具有重要现实意义。虚拟实践活动板块的设置，为学生投入教学实践提供了一个很好的操作平台。在平台中，学生可以根据教学大纲编写自己的教案，还可以策划各种具有实际操作性的教学活动。板块将教案及每一项教学活动分别进行效果评估，预测可能出现的现实问题和需要解决的问题等，使学生能够更清楚地认识到实践活动的重要性。

（3）虚拟活动评价板块。

虚拟活动评价板块是对虚拟教学活动板块、虚拟实践活动板块的评价及指导。此板块具有极大的开放性，高校思政课教师、专家学者、青年大学生都可以参与进来，对虚拟教学活动的实施效果、教案编写及各种形式的教学活动的策划进行评定。

评定采用网上投票的方式，评选出最佳授课奖、最佳上镜奖、最佳教案奖、最优活动奖等奖项。此板块不仅能鼓励学生积极参与教学活动，还使得高校思政课教师、专家学者等转换角度，从学生角度入手，分析学生兴趣点，以不断调整教学方法，完善教学方案，将那些具有实践意义和研究价值的教学活动投入到现实教学活动中去，推进思政课教学方法改革的进程。

3. 交流互动平台 —— 师生互信基础

网络的交互性体现了教育者与学生双方的自由平等性。交流互动平台的设置旨在通过教育者与学生在在线答疑板块及留言互助板块中的平等互动交流和启发探讨，引导学生接受并形成正确的思想观念，提升学生勤于学习、善于学习的能力，拉近了教学双方的联系，为思想政治理论课教学的顺利开展及学生的全面发展奠定了坚实基础。

（1）在线答疑板块。

通过以上的学习参与，学生难免会遇到很多问题，包括对思想政治理论课程内容与相关教学资源的理解，以及参与虚拟教学活动和实践活动后的体会等。为及时解决上述问题，在线答疑板块中有众多思政课优秀教师、专家学者等提供在线答疑帮助。这一板块的设置避免了现实答疑过程中针对性不强、学生胆怯不敢言等困难。学生可以根据自身实际提出问题，并能够及时得到回复和帮助，充分发挥了网络对思政课教学的重要作用，增强了思政课网络教学的实际效果。

（2）留言求助板块。

留言求助板块的设置旨在为在生活学习过程中产生心理压力与困惑的大学生提供心理辅导与援助。留言求助板块可分为留言板和求助板。在留言板的专门区域中，学生可以针对自身的学习效果、参与活动感想等与其他学生进行互动交流，分享自己的学习体会及参与活动的经验，增强学习兴趣和效果；在求助板中，有专业的心理健康教育专家、心理咨询师和高校心理工作者为学生提供咨询与帮助。

学生可以通过留言问答的形式与专家老师进行在线咨询解惑，还可以通过微信、微博、E-mail实现近距离沟通，密切双方联系，增强信任度。此板块的设置为学生心理健康发展设置了安全屏障，是实现学生全面发展的助推器。

（3）互动评价板块。

在互动评价板块中，学生可对自身参与思想政治理论课学习的效果进行总体评价，可对在线答疑及留言求助板块做出客观评价，还可有针对性地提出网站发展完善的意见或建议，不断增强网络教学平台的交互性，加深教学双方之间的信任度，为教学资源利用的最优化、教学内容的系统化及教学效果的最大化架起沟通桥梁，打造诚实、互信、真实的思政课网络教学平台。

4. 信息反馈平台 —— 模式运行方式

反馈是"控制论"的一个概念。其特征是生物体或机器中的某一系统将控制信息输送出去后，又将其作用结果以信息的方式送回原系统，来调节之后的动作方式，这一过程被称为反馈。思想政治理论课网络教学新模式的运行过程是动态的，需要不断地进行信息反馈。信息反馈平台将学习效果自我评价板块、教学视频评价板块、虚拟活动评价板块及互动评价板块这四个模块与之联结贯通起来，是整个新模式运行的稳定器。

（1）正反馈信息板块。

正反馈信息是控制论中正反馈调节的反馈信息，起到的是可扩大整体运作能力的正效应。反馈的本质是评价和激励，因而正反馈信息板块的设置旨在通过链接四个模块中相应的四个评价板块，并对其加以分析总结，将得到的正反馈信息进行分类，并将其作为新模式运作的推动力量，不断丰富和发展好的方面，促使整个新模式取得更好的教学效果。

（2）负反馈信息板块。

负反馈信息是控制论中负反馈调节的反馈信息，起到的是对偏离目标的因素进行控制，从而稳定整体运作效果的作用。负反馈信息板块正是利用了这一点，将以上四个模块中相应的四个评价板块链接起来，加以分析总结，将得到的负反馈信息进行分类，以备调整每个模块的设置运作情况，不断完善整个新模式的运行效果，使得整个新模式的运行趋于稳定，达到最初的教学目的。

5. 阶梯管理平台 —— 辅助教学的有力支持

阶梯管理平台是整个新模式运行的管理系统。教学资源内容的选择、各板块内容的更新、交流互动平台的维护、正负反馈信息的筛选等方面都需要一个强大的管理队伍来进行。这支队伍需要由责任心强、善于沟通、有网站管理经验的人员组成。此外，还要做到分工明确，每个模块及每个模块中的每个板块都要有指定的管理人员，整个新模式的运作管理也需要特定的管理人员，形成阶梯式的管理模式，确保整个新模式运行的科学性和规范性。

二、高校思想政治教育理论课的教学方法

（一）讨论教学法

1. 讨论教学法概述

"讨论式教学法"大概是除讲授法之外，被思想政治理论课教学应用最多、探讨也最多的一种教学方法了。在绝大多数情况下，讨论教学法需要与其他教学方法结合使用，才能发挥出最大的作用和效果，尤其与讲授法结合起来，则具有相辅相成之益。

讨论教学法主要是指，学生在教师的组织下，围绕教学主题或既定的话题进行讨论，可以小组为单位也可以以班级为单位，在讨论的过程中相互启发产生更多想法和认识的一种理论课教学方法。教师采用讨论教学法进行教学的过程中，一定要注意科学的引导与启发，帮助学生向着积极的方向讨论问题。此外，教师要注意控制与调整讨论的氛围，让学生在轻松、和谐的氛围下，获得新的知识。

2. 讨论教学法的优点

（1）课堂气氛比较活跃，有利于调动学生学习的积极性和主动性从而吸取知识。

（2）有利于培养学生的独立思考能力，并使学生更为深刻地认识和理解讨论的问题。

（3）通过对教师布置问题的讨论，可以分清是非、纠正错误、取长补短、集思广益，有利于培养学生的思维能力、表达能力、分析与综合的能力。

（4）有利于学生提高自我认识和自我评价的自觉性。总之，讨论法比较切合学生的认知和求知要求，它也是政治理论课教学中比较常用的方法之一。

3. 讨论教学法

运用与思想政治理论课教学中应注意的问题在教学过程中，如果运用讨论法，还必须注意如下几个问题。

（1）课前要有充分的准备。

教师课前的充分准备，设计各种讨论方案，将讨论的问题在课前布置给学生，使学

生有充分的准备时间，这是运用讨论法进行教学成功与否的关键。

（2）要精心设计好所要讨论的问题。

在教学过程中，针对讨论容易"走题、漫无目的和杂乱无章"的特点，拟定好讨论题目。

而讨论题目设计如何，直接关系到课堂讨论的质量和效果。设计到位的讨论题目，不仅能收到启发诱导、举一反三的效果，还能激发学生学习的兴趣。可见，设计到位的讨论题目是讨论成功的另一个关键。

（3）教师要组织好和指挥好讨论过程。

一是在形式上可采用同桌讨论，前后桌讨论，小组或班级讨论等方式；二是要把自己摆在与学生平等的位置上；三是要始终坚持实事求是的原则，坚持以理服人，用事实说话，这样才能防止学生的逆反心理；四要鼓励学生积极思考，给予正确的引导和疏导；五是对讨论中出现的问题要及时解疑和纠正，保证讨论任务的完成。同时，对一时不易接受的理论、观点，不要急于求成，应允许他们保留意见或看法，但要做好引导工作，逐步统一思想和认识。

（4）教师要加强对讨论的引导，重视对讨论的评价。

在讨论教学法中，学生是讨论和参与的主体，教师没有直接发挥作用的空间，但这并不意味着教师不用采取任何行动，相反教师需要将自己对讨论的引导和影响贯穿于整个讨论过程当中，巧妙的引导学生向着结果前进。此外，教师还要善于总结和评价，在讨论结束后，对讨论的结果进行压缩和总结，得出最终的结论，并就学生以及讨论的结果进行合理的评价。

（二）谈话教学法

1. 谈话教学法概述

谈话教学法指在教师的引导下通过问答对话形式来传递和获取知识的教学方法。因此，谈话法又被称之为"问答法"或"提问法"。其主要特点是：在于师生共同参与教学活动，能够促进师生间的双向交流，实现信息的相互反馈，体现学、思、疑、问的认识规律。谈话法在教学过程中一般可分为以下三种类型：传授新知识的谈话法、巩固检查新知识的谈话法、复习总结性的谈话法。

2. 谈话教学法的优点

（1）能有效集中学生的注意力，引导学生积极思维，跟上老师的思路。

（2）能及时反馈课堂上的教学效果，有利于促进师生间的双向交流和互动。

（3）能培养学生的独立思考习惯和分析、判断能力与语言表达能力。

总之，这种教学方法能够有效地调动学生的积极思维，最能体现思想政治理论课的启发式教学原则，所以，它是思想政治理论课中不可缺少的重要教学方法之一。

3. 谈话教学法运用于思想政治理论课教学应注意的问题

（1）语言的艺术运用。

教学语言是教师在课堂上为了更好地达到教学目的根据既定的教学目标和教学内容，针对特定的教学对象而采用的一种教学语言。在教学活动中，一些特殊的教学内容或者教学对象，合理的语言表述能够极大的提高教学效果。在谈话教学中，语言可以说是影响教学效果的第一要素。因此，教师在谈话教学中与一定要注意语言的艺术与应用。一般来说，在教学当中，教师有以下几个方面应该着重注意。

第一，发音标准。在教学过程中教师应采取符合现代发音标准的普通话进行教学，尤其是在课堂上教师一定要让学生听清自己的教授内容，这是对大学生思想政治教育教师的基本要求。

第二，概念明确。马克思主义理论是符合自然和人类社会发展规律的科学理论，教师在表达与叙述这些理论的时候必须准确、清晰，不能使用含糊不清的词语或语调。这是因为，只有准确地表达出马克思主义理论思想的内涵和观点，才能帮助学生准确地把握和运用客观规律，更好地指导社会实践。

第三，生动幽默。思想政治理论课教育的内容大多都是语言文字的叙述与论证，容易让人产生枯燥感，教师要善于使用轻松、幽默的语言调节气氛，帮助学生凝聚注意力，提高教学的效果。需要注意的是，思想政治理论教育是一件严肃、认真的教学任务，教师不能舍本逐末，为了追求轻松、幽默的课堂氛围，忽视思想政治理论课教学的严肃性。

第四，情感浓郁。高校思想政治教育理论课严肃但并不死板，教师在教学过程中应该充分发挥语言文字的作用，以情育人。在教学过程中，教师不应该利用自己的身份和权威管理学生，而是要通过真挚的感情来教育和引导他们树立高尚的人生追求和价值理想。

（2）良好谈话情境的创设。

高校思想政治教育理论课的谈话教学最初的环节是根据教学的内容和目标设定一个合理的启发环境，这是保证谈话教学方向性和有效性的前提条件。谈话教学的发展与实施并不是无条件的，而是需要教师创造一个适合实施改方法和内容情景或者契机。一般来说，教师在创造教学条件时，应教师应发扬教学民主，改善课堂的整体氛围与环境。在中国传统的教学中，教师在教学活动中的地位高，几乎是教学活动的主宰，学生没有任何民主可言，学生在课堂教学中不愿提问、不敢提问，形成了过于死板和严肃的课堂氛围和教学模式。

长期处于传统模式中的教师会不知不觉地将自己的作为教学活动的中心，将自己作为教学的权威，将学生的疑问视为对权威的挑战。在这样的课堂氛围中，启发式教学是不具备实施条件的，教学措施难以激发学生的参与欲望，教学方法难以实施。在教学工作当中，教师应该平等地看待教学活动的每个主体，关心学生、爱护学生，建立和谐友爱的师生关系，只有这样才能事半功倍地实施启发式教学。

（3）要根据学生的具体情况和教学内容实行谈话教学。

谈话教学要求思想政治理论课教师要全面了解学生的各方面实际情况，这些实际情况包括学生的年龄特点、心理状态、思维特点、知识水平、生活经验、认识能力和思想觉悟。只有这样才能保证谈话教学的针对性和适用性。高校的思想政治理论课教师要了解不同阶段学生的知识水平、社会经历、理解能力、思想情绪、思想认识存在的实际问题，以及学生的品德行为问题等。只有了解了学生各方面的实际，才能恰当地运用可接受原则，使教学具有针对性和说服力，才能因势利导，循循善诱，把谈话教学落到实处。

第五章

思想政治教育工作队伍建设探索研究

当前，随着高等教育改革的深入发展，使得高校思想政治教育在很多方面获得了较之以往的很多优势。并且在总结以往高校思想政治教育队伍建设的经验基础上，教育部从任务、地位、作用、路径等方面对高校思想政治教育队伍建设提出了具体的意见，提出高校思想政治教育队伍应该让党放心、让学生满意，对高校思想政治教育队伍的素质提出了明确要求。

第一节　高校思想政治教育工作队伍建设重要意义

教育队伍建设不但是其进行高校思想政治教育的基本要求，教育队伍建设进程本身也是非常有意义的德育活动，它集中体现了教育的道德基础、伦理功能、教育的社会意图和人文关怀，它同样会遭遇教育的现实瓶颈、客观问题、条件缺失和矛盾冲突，其建设经验是思政教育工作的重要参考，因此无论是作为一种道德价值存在，或作为一种道德价值的承载，教育队伍建设在大学生思政教育质量提升进程中都具有重要的不可替代的重要意义。

一、思想政治教育队伍建设在高校思想政治教育中的作用

（一）时代发展的客观要求

党的十八大以来，在以习近平同志为核心的党中央坚强领导下，全面建成小康社会进入攻坚决胜阶段。党的十九大报告确定了决胜全面建成小康社会、开启全面建设社会主义现代化国家新征程的目标。为了完成这个奋斗目标，新时代的高校大学生必须肩负起这

一光荣而伟大的历史任务，做一个合格的、优秀的新时代青年。在高校思想政治教育的开展过程中，应该深入进行马克思主义基本理论、党的基本路线、基本纲领等内容的教育，帮助他们树立起坚定的社会理想。在社会群体中的宣传教育，引导人们树立中国特色社会主义的共同理想，加强高校思想政治教育工作，应该妥善处理各种矛盾和问题，特别是涉及社会成员切身利益的矛盾，一定要谨慎的处理和对待，以保持友好团结的局面。爱国主义教育也是思想政治教育中的重要组成部分，要抓住社会群体的思维特点和心理需求，结合他们的需求深入开展以爱国主义为核心的团结统一、爱好和平、勤劳勇敢、自强不息的民族精神教育。党团组织应该充分发挥自己的在思想政治教育中的领导作用，通过合理的规划与管理在社会群体中全面开展思想政治素质教育，坚定社会成员的政治立场。精神文化教育是开提高大学生思想政治水平的重要途径，同时也是进行思想政治素质教育，提高人们思想政治水平的重要方式。

（二）有利于从整体上把握高校思想政治教育的进程

首先，就当前环境需求而言，由于社会处于转型期，多种因素不可避免地影响着高校师生的思想变迁、心态转化和行为抉择。总体上说，高校教师队伍主流是好的。他们具有较高的思想觉悟和政治素质，能够在社会各种群体中发挥先锋模范作用，能在复杂的环境中坚持正确的政治观念和健康的思想情操。高校思想政治教育倘若没有大学教师的高道德水准作为标杆和示范，就会造成高校思想政治教育及其相关活动的普遍虚伪。为此，必须大力加强高校教师队伍建设、"正本"方能"清源"。

其次，加强教师队伍建设，从方法论的视角阐述了提高高校思想政治教育质量的路径。具体来说，加强教师队伍建设，涉及很多方面，包括政治素质、道德素质、身心素质、专业能力等，其中，道德素质的建设是其尤为重要的一个方面。道德教育，是一个涉及价值观形成、道德观培养和理想信念树立等多个环节的系统工程。从系统科学的角度来看，无论是大学生的思政教育，还是教师的道德建设，都属于一种持续与周围环境交换信息、物质和能量，并能相对独立运行的复杂系统。教师的道德建设与学生的思想教育，可谓是相互作用的两个复杂系统。由于教师群体整体而言具有较高的素质，并对教育教学活动有深入的体会和灵敏的认知，教师道德建设工作开展的效率和效果应当要优于高校思想政治教育，同时教师道德建设工程中的很多思想、方法、经验，可以为高校思想政治教育工作提供重要的借鉴和参考，因此也就可以运用教师道德建设视角解析更为复杂的高校思想政治教育质量问题，为我们提供一条更为简洁、高效的系统化剖析思想政治教育整体性能的研究路径，为切实加强和改进高校思想政治教育工作提供新的思路。

（三）提升大学生道德成果的基本保障

大学生道德能否达到预期的效果，其价值能否实现，一要靠真理的力量；二要靠人格的力量。但无论是真理的力量还是人格的力量，都要通过大学生思想政治工作者体现出来。一方面，他们所宣传教育的内容，必须是合乎实际，反映事物的本质和社会发展的真正规律，能够正确而且深刻地体现马列主义、毛泽东思想、中国特色的社会主义理论体系以及党的路线、方针、政策的精神实质的；另一方面，他们又必须带头实践自己所宣传、提倡的东西，做到言行一致，才能起到示范带头作用。因此，只有提高思想政治教育工作者的素质和能力才能推动高校思想政治教育工作的发展。

（四）引导培养我国青年工作的开展

当前国际局势动荡复杂，各国的政治活动频繁并且局部战争时有发生。改革开放以来，在这个信息化的时代，各类事件不断在当代青年人的视野中出现。青年时代是人生观、世界观以及价值观逐渐形成并逐步稳定的关键时期，对人的一生有十分重要的影响。我国的青年学生人群以"00后"为主体，他们热衷于接触新鲜事物，思想相对开放，因而，对他们的三观引导至关重要。"少年强，则国强。"高校思想政治教育队伍的职责就是让我国广大的青少年从内心"变强"：在政治立场上坚定地发展社会主义，与其他一切违背社会主义原则、危害人民利益的坏人坏事作斗争；在实际工作中勤奋努力，积极投身于社会主义建设的伟大事业；在日常生活中乐观开朗，积极向上。重视青年人的思想政治教育，这是保证他们成长成才的基本任务。

二、当前我国高校思想政治教育队伍建设存在的主要问题

当前，高校思想政治教育队伍建设中"数量不足、质量不高、队伍不稳"的状况正在得到逐步改变。但是这并没有消解我国高校思想政治教育队伍建设中长期存在的一系列矛盾和问题，这些矛盾和问题表现如下几方面。

（一）人员流失性大

目前思想政治教育队伍严重缺编的成因，主要在于思想政治教育教学工作对教师的吸引力低。其一，专职教师尤其青年教师一般比较乐意从事思想政治的教育教学工作，愿意一直从事思想政治工作的比例较低，因此他们在获评高级职称后，都会将自己的研究重点从思想政治教育专业到其他学科和方向上。其二，思想政治教育兼职教师一般由学生所

在院系的辅导员或管理学生工作的副书记担任，其工作重心会随着学生的升级、毕业而不断变化，所以其流动性比较大，队伍稳定性较差。其三，在学校引进人才时，优秀人才大部分都不愿意从事思想政治教育教学工作，表示愿意从事思想政治教育的求职者往往又达不到学校对思想政治教师的要求。这些因素造成了高校思想政治教育队伍尖锐的供需矛盾。

由于缺编比较严重，高校思想政治课教师的教学任务都很繁重，有个别教师每周校内外的课时数达到30多节，如此重负之下，怎么有精力关注自身能力的发展和提高？无奈之下，很多非专业的教师或是尚未完成学业的在读研究生也被纳入思想政治课教学领域。在这样的情况下，思想政治课教师队伍的质量当然无法得到保障，教学水平下滑，根本达不到现代化的发展要求。

（二）结构失衡

高校思想政治教育队伍结构，应体现为专兼结合、年龄适中、学缘合理、职称平衡。但现实的调查数据却显示，多数高校思想政治教育队伍的结构，还达不到均衡合理发展的要求。

第一，人员构成不合理。高校思想政治教育队伍一般是由专职人员和兼职人员两部分构成，专职教师一般来自政治专业从事马克思主义理论教育的专业人员，兼职教师一般来自各院系党总支（基层党委）书记（副书记）、政治辅导员及外聘专业人员或在校研究生。由思想政治教育的专业性质和重要性决定，教育队伍的人员构成应以专职教师为主、兼职教师为辅，形成专兼结合的合理结构。但当前很多高校思想政治教育队伍中，兼职人员大大超过专职人员。

第二，年龄结构不平衡。高校思想政治教育队伍年龄结构存在的主要问题是过度年轻化和过度老年化现象并存，两极分化严重，中坚力量明显不足。考虑到现在高等教育规模还有不断扩大的趋势，教师队伍过度年轻化的问题将显得更为严重，这将加剧我国高校教师队伍年龄结构的失衡。

第三，学缘结构不科学。高校思想政治教育队伍在学缘结构方面存在的主要问题是，教师队伍"近亲繁殖"现象严重，在专任教师队伍中，本校毕业的教师所占比例偏高，而且在层次越高的院校，本校本学科毕业的教师所占比例越高。

本校本学科师生几代同堂的教师结构，易损害青年教师的积极性和创造性，而且易于导致知识老化的恶性循环，无法适应现代化发展对教师队伍学缘结构科学化的需要。

第四，职称结构不合理。高校思想政治教育队伍的职称结构中高级职称尤其是正高职称的比例偏低，且高级职称教师一般年龄较长，老年化现象严重，这样的结构阻碍了教学、科研质量的提升，不利于培养具有创新精神和实践能力的高级专门人才。

（三）管理观念落后

管理对于高校思想政治教育队伍的建设起着重要的作用，优良的管理可以使思想政治教育队伍的现代化建设制度化、长期化。但是，目前很多高校尚未建立起优化思想政治教育队伍的有效机制。

第一，学校管理部门对思想政治课及教师的重视程度不够。由思想政治课的公共课性质，它往往不受学校管理部门的重视，这种忽视会影射到任课教师和学生身上，影响他们对待思想政治课的态度。"社会大环境的影响及学校的重视程度"是影响思想政治课教育教学效果的重要因素之一。同时，管理部门对思想政治课程的不重视，进而导致对思想政治课教师素质提高的忽视。学校如果没有形成适度竞争、合理流动的人事机制，将使思想政治课教师队伍缺乏活力和长足发展的动力，无法达到教师队伍现代化的发展要求。

第二，学校管理部门给予思想政治教育者的待遇总体偏低。马克思认为，人们奋斗所争取的一切，都是同他们的利益有关的。高校思想政治教师也希望能够通过自己的付出和奉献，使自己的待遇得到一定程度的改善。目前高校思想政治教师的待遇虽然较之前明显提高了，但与其他专业教师相比还存有差距。思想政治课教师由于任课多、任务重、难度大，把相当多的时间和精力都投入到教学中，很难通过从事科研或兼职工作获得其他收入。如果学校缺乏合理的分配制度和有效的激励机制，使奉献与所得很不成比例的话，就会严重挫伤思想政治课教师的积极性，加剧人员的流失，整个思想政治教育队伍的素质和结构也必然受到很大影响，队伍建设的现代化自然无法实现。

第三，学校管理部门给予思想政治教师的培养经费严重缺乏，培养制度不健全。目前，我国高校由于总的投入不足，教师培养经费一般只占高校事业费的5%左右，甚至更少，而思想政治教师的培养经费更是不足。同时，由于思想政治课程的综合性强，教师培训的难度大，管理部门对思想政治教师的继续教育往往重视不够，导致教师进修制度不健全。这些情况都不利于教师知识更新，不能适应学科结构和内容调整的需要，达不到现代化发展的要求。有的学校即使开展了一些针对思想政治教师教育教学能力提高的培训活动，但活动内容还缺乏系统性、针对性前瞻性，培训效果事倍功半。缺乏专业的继续教育和进修，教师所获得的提高和发展是极为有限的。

三、当代高校思想政治教育队伍建设的发展方向

理想状态下的高校思想政治教育工作队伍，应该是一个多层次、高素质、全覆盖的工作队伍。各个队伍有明确的分工和各自负责的具体项目，同时各队伍成员也能够承担多种角色，在适当的情况下对大学生思想进行正确的疏导。

（一）辅导员队伍 —— 职业化

当前，思想政治教育工作紧迫需要我们建设一支精锐的职业性很强的辅导员队伍。教育部《关于加强高等学校辅导员班主任队伍建设的意见》明确指出："辅导员、班主任是学生健康成长的指导者和引路人。"对这支队伍的配备要求，《普通高等学校辅导员队伍建设规定》第三章第六条明确指出，"高等学校总体上要按师生比不低于1：200的比例设置本、专科生一线专职辅导员岗位。辅导员的配备应以专职为主、专兼结合，每个院（系）的每个年级应当设专职辅导员。每个班级都要配备一名兼职班主任"。

（二）理论课教师 —— 专业化

高校思想政治理论课教师作为高校思想政治教育活动的组织者、实施者，教育、引导并规范着学生对理论知识的学习和应用，因此，高校思想理论课教师应该具备多方面的素质，做到专业化。他们必须具备相关专业知识和理论素养。要做好学生的思想政治教育、日常事务管理、心理健康咨询与辅导、就业指导、职业生涯规划等工作，必须有较高的马克思主义理论水平，专业的思想政治教育知识，扎实的教育学、管理学、社会学、心理学等相关知识。而且随着信息社会科学技术的迅猛发展以及各种文化碰撞、交融、渗透，思想政治教育工作者不仅要站在思想和文化的最前沿，解决当代大学生思想政治方面的各种困惑和问题，而且要始终坚定有效地引导学生树立社会主义核心价值观。

（三）育人队伍 —— 全面化

人的教育不仅仅是狭义的学校课堂教育，还包括广义的社会教育，事物教育。对于高校来说，其每一位教职员工都在影响着大学生思想的形成，都在承担着思想政治教育的职能，他们的一言一行都有可能影响大学生一生的命运。因此，大学生的成长与高校的每一位工作人员都有着直接或间接的关系，而学校工作的每一个环节都应体现着育人的功能。学校教师教书育人，学校干部管理育人，后勤职工服务育人。从教师出发，教师是人类灵魂的工程师，是学生成长进步的导师，不论是否在承担着教学工作都应该谨言慎

行。中共中央下发的关于教师队伍建设的文件中明确要求要加强师德建设，要抓住教师职前培养、职后培训、职务聘任等关键环节，加强马克思主义理论教育，加强教书育人、为人师表教育，加强学风和学术道德教育。要树立学为人师、行为世范的崇高目标，严于律己，以丰富的学识教育人，以高尚的德行感染人，以人格的魅力折服人。同时教师在自己专业领域的教学过程中，要深入挖掘蕴含在各门课程中的马克思主义哲学原理及其他各种思想政治教育资源，使学生自觉地从马克思主义的角度思考问题。如，讲财务管理专业课的教师，可结合财务管理教学内容中实际工作与理论认识的差别对学生进行马克思主义认识论的教育，财务管理中信用的重要性，开展对大学生的信用教育和诚信教育；讲跨文化交流课的老师，可结合跨文化交流中一些礼仪和注意事项的讲解，开展爱国主义、国格、人格、民族精神的教育。苏霍姆林斯基曾经指出，"造成青少年教育困难的重要原因在于教育实践在他们面前以赤裸裸的形式进行，而处于这种年龄阶段的人按其本性来说是不愿意感到有人在教育他们的"。结合实际开展的思想政治教育，往往比单纯的思想政治教育更容易取得实效。在学校的管理、服务各个环节中，管理、服务工作人员的自身素质、工作态度，以及工作成效同样影响着所有学生的思想实际，渗透着教育功能，对学生的世界观、人生观和价值观的确立起着潜移默化的作用，即所谓"润物细无声"。因此，发挥全体教职工的育人作用，实现高校教学、管理、服务工作中思想政治教育功能的全覆盖，是思想政治工作最终取得实效的重要条件。

第二节　高校思想政治教育队伍的能力和素质构成

高校思想政治教育队伍的能力和素质是指一个合格的思想政治教育者为完成将大学生造就成有理想、有道德、有文化、有纪律，能够面向现代化、面向世界、面向未来的全面发展的社会主义事业建设者和接班人的历史重任，所必须具备的各种内在条件，是高校思想政治教育取得实效性的重要因素。具体来说，思想政治教育工作者的能力和素质是由其自身的知识结构、能力结构和素质结构三个有效因素决定的。若要建设一支高素质的思想政治教育工作队伍，必须构建教育主体自身的知识结构、能力结构和素质结构，三者缺一不可。

一、构建合理的思想政治教育队伍知识结构

知识结构是一个人知识多样性和实用性的本质反映。它是衡量一个人的文化水平高低、知识量多少、文化底蕴是否深厚的重要尺度。而合理的知识结构，则是指既有精深的专门知识，又有广博的知识面，具有事业发展实际需要的最合理、最优化的知识体系。思想政治教育队伍的职能是对大学生进行政治引领和思想塑造，既承担着课堂教学的任务，又担负着管理和指导的功能。当代的大学生有一定的分析和比较能力，自主选择性较强，思想活跃、求知欲强，知识面较宽，掌握先进的信息手段，对空洞的说教有天然的阻抗。因此，思想政治教育队伍应以马克思主义为理论基础，以其他学科的知识理论为补充，有理有据地对学生的思想问题和其关心的现实问题做出有说服力的回答，让学生在知识论证中自觉领会马克思主义的科学性，接受马克思主义的观点，树立马克思主义的理想信念，把学生的思想引导到思想政治教育的目标要求上来。

高校思想政治教育队伍需要掌握先进的科学文化知识，建立广博深厚、科学合理的知识结构。马克思主义哲学、政治经济学、科学社会主义是高校思想政治教育者的理论基础，政治学、哲学、教育学、心理学、伦理学、法学、管理学等学科的相关知识是业务要求，一定的自然科学知识和科学前沿是拉近学生距离的必然要求，此外，还应该树立终身学习的理念，不断优化自身的知识结构，真正实现"学高为师，身正为范"，做到德才兼备。

（一）马克思主义基本理论知识

我国高校思想政治教育以马克思主义为理论基础，高校思想政治教育队伍必须熟练掌握马克思主义哲学、科学社会主义、政治经济学的原理，掌握党的历史、国家的政治制度、国际国内形势等，才能用辩证唯物主义和历史唯物主义对大学生进行马克思主义世界观、人生观、价值观、政治观、道德观教育，对学生进行党情教育，才能用科学发展观对学生进行国情教育，才能用社会主义民主法治观对学生进行法制教育。因此，高校应采取措施加强对高校思想政治教育者的马克思主义理论水平的提升：一方面，思想政治教育队伍要学习社会主义发展史，学习中国共产党党史；另一方面，要有计划、有目的地组织广大教师深入社会实际考察，通过国内外实际考察，从活生生的事实比较中，了解中国的国情、党情，真正感受到马克思主义理论的价值和力量，从而产生信仰上的自觉。各级领导要坚定对马克思主义的真诚信仰，带动整个社会形成尊重并信仰马克思主义的氛围。

作为思想政治教育者，应充分认识自己所从事职业的意义及重要性，增强社会责任

感和历史使命感。坚定对马克思主义的信仰、信念和信心，提高马克思主义理论素养，增加教学的科研含量、信息量和文化底蕴。各级教育主管部门和高等学校必须采取积极措施，加强物质条件得改善和精神环境的优化，不断提高思想政治教育队伍的地位和待遇，充分调动这支队伍的积极性和创造性，为搞好思想政治教育工作打下坚实基础。

（二）思想政治教育专业知识

教育学是研究教育现象、揭示教育规律的科学。思想政治教育首先是教育，是一种有着自身特性的教育类别，应符合教育学的一般规律。高校思想政治教育中，教育学理论是根本。高校思想政治教育队伍应具备教育学的相关知识，掌握教育学相关理论，利用教育学中已有的理论体系服务于高校思想政治教育活动。要对教育的本质有正确的认识，避免工作的误区；要对教育与社会政治、经济、文化之间的关系有所认识，把握工作的大方向；要对教育环境中学校、社会、家庭的关系有所认识，以便营造教育的合力；要对教学和学习的规律进行系统的认识，对教育目的、内容、实施的途径、方法、形式以及它们的相互关系等知识有一定的掌握，把握教育教学方法，实现良好的教育效果。

与很多教育内容不同的是，思想政治教育有自己的政治倾向，以政治引导为核心，具有一定的阶级性和时代性，明确的目标性，鲜明的党性和广泛的群众性。思想政治教育具有特殊的教育目标，教育的途径载体、方式方法也与一般的教育活动有差别，更重要的是要通过多样化、生活化的教育活动对学生产生潜移默化的影响。因此，思想政治理论教育不仅要通过课程教育，还必须要依托学生党、团、班级组织，并结合多种方式，营造正确的舆论氛围，对学生进行持续有效的教育。高校思想政治教育队伍不仅要掌握教育学的相关知识，更要熟练地掌握课程教学自身的发展规律，懂得及时完善和创新教学途径和方式方法。

（三）相关学科知识

高校思想政治教育的理论性与实践性相结合，不可分离。如在马克思主义原理课程中，既向学生传递马克思主义的基本立场、观点和方法，同时也培养学生的哲学素养和经济性素养；在思想道德修养课程中，既向学生传递社会主义的道德和法律，同时也培养学生的道德素养和法律素养。这就要求我们的教师在具备扎实的马克思主义理论知识外，还必须拥有广阔的知识面，广泛涉猎，将知识提升到一定的高度和广度上，才能够游刃有余地驾驭教学活动，由此可见，掌握相关人文学科知识已经成了思想政治教育队伍素质修养建立的要求之一。

马克思主义的相关学科包括政治学、教育学、伦理学、心理学、社会学以及文学艺术等，这些相关的学科知识理论背景有助于拓展马克思主义的视野。提高高校思想政治教育的效果。有效地传递正确的思想政治，对高校思想政治教育队伍而言，深厚的理论功底和宽广的知识面是必不可少的，若缺乏知识的深度和功底，则会在教育教学过程中漏洞百出，教育效果不佳。

二、构建合理的思想政治教育队伍能力结构

随着国际国内形势的深刻变化和我国高等教育改革、发展的不断深入，高校思想政治教育工作出现了诸多的新情况和新问题，这就给思想政治教育队伍的能力结构提出了更高更明确的要求。

（一）语言表达能力

语言表达能力是指在口头交流和书面交流的过程中运用字、词、句、段的能力。具体指用词准确，语意明白，结构妥帖，语句简洁，文理贯通，语言平易，合乎规范，能把客观概念表述得清晰、准确、连贯、得体，没有语病。要求是得体、清晰、连贯；概括、简洁、精练；准确、贴切、犀利；生动、含蓄、明快；观点鲜明、是非清晰、褒贬明确。

语言是思想的载体，思想要通过语言来表达。高校思想政治理论课教师主要是通过语言传授知识，交流思想，传递感情，实施教育活动。在教授思想政治理论课时，要言之有理，要通过清晰流畅、富含逻辑和哲理的语言表达观点。没有较高的语言表达能力，就无法将自己的思想很好地表达出来，就会让学生感到是在说教，觉得枯燥无味，缺乏吸引力。所以，要求高校思想政治理论课教师的语言应该准确、生动、简明、亲切，使大学生易于理解和接受。

（二）教学和教育能力

教学能力是对教学信息的加工和传导，以及对教学的组织管理能力，即我们通常所说的教学技能、教学技巧。教学能力是高校教师能力结构中的最重要的部分。教师只有具备对教学信息进行合理加工和传导的能力，才能被学生掌握和接受；只有运用思想政治教育专业知识，在实践中了解受教育者心理活动规律，把握大学生的思想动态，对其进行有效的影响和引导，才能够创造出思维活跃、生动活泼的学习气氛，使学生真正地融入教学。

（三）实践能力

理论知识学习的最终目的是指导实践，尤其对思想政治理论而言，如果不将其运用到实践中，就容易显得空洞。因此，在教学过程中，思想政治教育队伍要根据思想政治教育的专业知识和社会成员的特点，理论联系实际，让社会成员在日常生活中体验和感悟理论知识，提高社会成员观察问题、分析汲取知识、科研创新的能力。

（四）创新能力

现代社会知识不断更新，高校思想政治教育者要不断吸收新知识，了解当前的形势及最新产生又普遍存在的新问题。尤其对思想政治课的教师来说，当今社会政治、经济局势不断变化，各种新问题和新现象不断产生，教师对结合新形势，进行科研创新显得尤其重要。为此，思想政治课教师要树立终身学习的观念。

（五）心理辅导能力

心理辅导是指心理辅导者与受辅导者之间建立一种具有咨询功能的融洽关系，以帮助来访者正确认识自己，接纳自己，进而欣赏自己，并克服成长中的障碍，改变自己的不良意识和倾向，充分发挥个人潜能，迈向自我实现的过程。作为一名心理辅导工作者，建立和健全心理保健体系，维护对方积极向上的心理状态是义不容辞的责任和义务。随着改革开放的深入和社会主义市场经济的发展，我国目前正处于社会急剧转型时期。在这样的特殊时期，传统与现代并存，新旧事物的交锋，东西方文化相互碰撞的情况比比皆是。所有这些对大学生的思想意识、价值观念、思维方式、行为模式、生活方式都产生了巨大的冲击和影响，大学生在学习、生活、工作、价值观念等方面都出现了很多问题，他们承受的心理压力也越来越大，他们的心理健康问题成了全社会越来越关注的问题。作为天之骄子的大学生，他们不仅需要较高的学历和较强的综合能力，还必须具有良好的身心素质。那么，作为对大学生进行思想政治教育工作的教育者来说，他们必然要有较强的心理辅导能力。思想政治教育工作者提高心理辅导能力的方式有很多，最重要的是认真学习心理学的基本理论和知识，掌握心理辅导的基本方法和技巧，掌握心理出现的问题和疾病的常见表现、成因及处理方法的一般知识，为大学生提供有效的心理健康咨询和服务，帮助大学生培养坚强的意志力和强烈的自信心，始终保持乐观向上的生活态度。

（六）科研能力

随着时代的不断发展，高校思想政治教育工作日趋复杂化和多样化，这样的发展趋势对思想政治教育工作者提出了更高的要求。思想政治教育工作队伍不仅要能够运用比较专业的知识处理日常的思想政治教育和管理工作，还要善于总结工作经验，探索工作规律，研究工作方法，将工作中比较好的经验和科学的做法上升为理论，进而提升思想政治工作的科学化、规范化和现代化水平。高等教育研究专家杨德广教授倡导高校思想政治教育工作队伍要坚持"工作、学习、研究"六字方针，即要求我们在工作中坚持学习，在学习中注重研究，将研究成果用于指导工作，争取形成努力工作、努力学习、努力研究、进而再努力工作的良性循环。在思想政治教育工作中，科学研究能力不仅有助于思想政治教育工作者正确把握教育对象的生理、心理和思想行为等特征及变化规律，增强思想政治工作的预见性、针对性和实效性；而且通过科学研究，思想政治教育工作者还可以学习和吸收到古今中外思想道德教育的闪光思想和有益经验，并结合新的历史条件下创新思想政治工作理念和方法等相关理论。

三、构建合理的思想政治教育队伍素质结构

思想政治教育队伍素质的高低与高校思想政治教育工作的效果成正比例关系。素质越高，效果就越好；素质越低，效果越差，甚至产生负效果。当前，高校思想政治教育工作队伍的整体素质虽有所提高，但与党和人民的要求、与他们所肩负的重任、与大学生的成长成才需要，还是有不相适应的地方。因此，优化思想政治教育工作队伍的素质结构是加强思想政治教育工作队伍建设的重要任务。

（一）思想政治素质

1. 政治方向

坚持正确的政治方向，最根本的是坚持党的领导，坚定不移地做中国特色社会主义事业建设者、捍卫者，严守党的政治原则，在大是大非问题上切实做到头脑清醒、立场坚定、旗帜鲜明。在新的国际形势面前，我们推出的任何改革措施都相当敏感复杂，也面临许多来自国际和国内各方面因素的干扰和破坏，这就要求我们必须牢牢把握正确的政治方向，不为任何风险所惧，不为任何干扰所惑，必须牢牢立足社会主义初级阶段这个最大实际，坚持从实际出发，让改革始终沿着有利于巩固社会主义制度、有利于巩固党的领导、

有利于在党的领导和社会主义制度下发展社会生产力的方向发展。

党的十九大把习近平新时代中国特色社会主义思想确立为党必须长期坚持的指导思想，对推进中国特色社会主义伟大事业和党的建设伟大工程作出了全面部署。高校学生一定要坚持正确的政治方向，坚守实干的工作导向，发扬艰苦奋斗的工作作风，更加自觉地用习近平新时代中国特色社会主义思想武装头脑、指导实践，全面提高高校大学生的政治觉悟。

2. 政治立场

政治立场，指立足于一定的阶级、政治集团、派别，反映其利益和要求的政治立足点和出发点。我们党是马克思主义政党，高校思想政治理论课青年教师的主要任务就是用马克思主义的理论和实践培养一大批合格的马克思主义者，因此，政治立场坚定是高校思想政治教育队伍的基本要求。高校思想政治教育队伍坚定的政治立场，是指思想政治教育队伍一方面要坚决维护党的利益、人民的利益，积极宣传马列主义、毛泽东思想和中国特色社会主义理论，宣传党的路线、方针、政策，坚决为党的事业而奋斗；另一方面要坚决同违反党的原则的思想行为作斗争。只有具备了坚定的政治立场，才能在大是大非问题上站稳脚跟，并对广大学生进行宣传教育工作。

3. 政治责任感

思想政治教育者其本质是教育者，承担着党对大学生实施政治思想教育的责任。高校思想政治教育队伍的政治责任是帮助大学生形成正确的世界观、人生观和价值观，形成正确的政治立场和政治观点。高校思想政治教育队伍要以对国家、对民族、对党高度负责任的态度，成为马克思主义理论和党的路线方针政策的宣讲者，成为社会主义意识形态和精神文明的传播者，成为社会主义合格建设者和接班人的培育者。

4. 政治鉴别力和政治敏锐性

政治鉴别力和政治敏锐性是一个人政治水平的标志，是政治信仰、政治立场、政治理论水平和政治实践经验的集中表现。思想政治教育队伍只有具备较高的政治鉴别力和政治敏锐性，才能保持清醒的头脑，坚持真理、明辨是非、严守纪律、坚定方向。尤其是面对学生复杂的思想实际时，才能正确分析学生政治表现，及时发现问题、纠正学生中可能出现的错误倾向。

（二）道德素质

当前形势下，党的思想政治工作肩负着精神文明建设，构建社会主义和谐社会，增强民族凝聚力，激发群众创造性的重要职责和使命。思想政治教育队伍应具有良好的思想素质和高尚的道德观念。在对大学生进行理论教育的过程中，应秉承"学高为师、身正为范"的教育理念，以自身的高尚品格和人格魅力对学生进行示范和感染。

1. 正确的思想观念

新的时期，大学生有了新的特点，他们的主体观念越来越强，价值观更加多元化，高校思想政治教育面临着新的严重冲击。要将正确的观念传递给学生，思想政治教育者首先应建立正确的思想政治观念。在中国特色社会主义社会中，正确的思想政治观念应包含以辩证唯物主义和历史唯物主义为基础的科学的世界观，为人民服务的人生观，社会主义的民主法治观和社会主义荣辱观，尤其要树立社会主义核心价值观。将爱国主义、民族精神融入思想政治教育中，结合学生思想实际、生活实际，以生动活泼的形式传递给学生。

2. 科学的思维方法

高校思想政治教育者应掌握辩证唯物主义的认识论、马克思主义的方法论，做到透过现象看本质，坚持一切从实际出发，按照客观规律办事，不断提高自己分析问题、解决问题的能力。同时，还要建立起以历史唯物主义为基础的发展的思维方法，不断更新观念，与时俱进，减少盲目性和表面化。在开展思想政治教育中，要尊重大学生的身心发展规律、学习和生活规律、成长成才规律，分层次、分阶段实施思想政治教育。

3. 高尚的道德品质

道德品质是一定社会的道德原则和道德规范在个人思想行为中的体现，是一个人人格魅力的基础，具有典型的示范性和感染性。高校思想政治教育的目标之一就是培养有道德的人，思想政治教育者的一言一行，都将影响学生。因此，高校思想政治教育者应严于律己，言行一致，以身作则，吃苦在前，享受在后，克己奉公，不计较个人得失，处事光明，民主正派，使自己成为学生的道德楷模。高校思想政治教育者必须占据道德的制高点，用自身高尚的道德品质来感召学生、影响学生。高校思想政治教育者道德品质的建立，应包含符合社会公德、职业道德、家庭美德的内容，作为党的工作者，还应包含共产主义道德的内容。

（三）职业素质

高校思想政治教育是面向大学生精神的塑造和观念的引导，是潜在的、隐性的、间接的，无法用直观的数据来衡量，因此，高校思想政治教育队伍更需要有较强的职业素质。

1. 热爱学生

热爱学生是完成教育任务的一个重要前提。教师热爱学生，学生就热爱老师，热爱学生的老师才能教好学生。不热爱学生的老师，决不会是一个好老师。一是了解、关心学生。热爱学生、关心学生是师德的灵魂，教师只有真心实意关爱学生、真才实学教导学生、真知灼见感染学生，才能收到良好的教育效果。全面了解学生是教育学生的起点和关键，这是一件长期的、贯穿整个教育过程的工作，需要投入大量的爱心、时间和精力。二是尊重、信任学生。尊重学生的人格和自尊心，尊重学生的个性、爱好和隐私，平等对待学生，建立互信、和谐的师生关系。三是严格要求学生。俗话说，"严师出高徒"，执教严格是爱学生的体现，其"师严"也是在"爱徒"的基础之上的"师严"。四是要公平公正地对待学生。"公正是平等的、普遍的人类权利"，不管所教学生的智力、家庭、长相、性格如何，思想政治教育者都要一视同仁，做到不偏不倚，平等相待；在教育的过程中，要充分尊重学生的主体地位，让学生在民主、平等、和谐的关系中共同参与教学活动。

2. 良好的敬业精神

执着的敬业精神，对从事理论教育的工作者来讲更为重要。高校思想政治教育是"理"与"情"相交织的实践活动，只有通过教育工作者潜移默化的影响，才能起到滴水穿石的作用。教师要认识到岗位的光荣、责任的重大，树立强烈的敬业意识、忠诚本职工作的事业心、敬重本职工作的责任感和成就本职工作的使命感，潜心研究业务，不断提高施教能力，努力帮助学生确立正确的世界观、人生观和价值观。

3. 身正为范

人的道德修养是一种无形的力量，时刻影响着教育对象的思想和行为。高校思想政治教育者担负着传播马克思主义、社会主义核心价值体系，启发大学生的觉悟，提高大学生的素质，帮助大学生确立一种积极向上的人生态度，培养社会主义建设者等重任。只有关注社会、关注党和国家的命运、对社会有强烈责任感的思想政治教育者，才能唤起大学生对社会的责任感，唤起大学生对社会发展中各种热点、难点问题的关注与思考，也才能给大学生以正确而有力的引导。

（四）心理素质

心理素质是指人在感知、想象、思维、观念、情感、意志、兴趣等多方面的心理品质上。它是一个内容非常广泛的概念，涉及人的性格、兴趣、动机、意志、情感等多方面的内容。心理素质以生理素质为基础，在实践活动中通过主体与客体的相互作用，而逐步发展和形成的心理潜能、能量、特点、品质与行为的综合。心理素质是高校思想政治教育队伍素质结构的一个重要组成部分，从某种意义上说，它制约和影响着教师队伍的素质结构。

1. 广泛的兴趣爱好

兴趣是积极探求某种事物的一种倾向。如果人们对某一事物感兴趣，那么就会表现出探索或运用这一事物的积极肯定情绪和态度。教师具有广泛的兴趣，可以在更宽广的范围和更多的时间里接触、了解教育对象，并可以改变过去传统的教育形式和方法，融入大学生群体之中，从而潜移默化地影响大学生。

2. 积极的教育心境

教师在从事教育工作的过程中一定要克服职业倦怠情绪，保持昂扬饱满、积极乐观、生动活泼、真诚热情的精神状态。首先，教师在课堂上的精神状态将直接影响学生学习的热情和效果。其次，教师在教授学生掌握思想政治理论知识的时候，也是和学生发生思想碰撞和交流的时候。教师激扬振奋乐观向上的态度，会造成一股强烈的精神力量，营造出一种感人心扉的学习气氛，不但可以满足学生热情向上的心理要求，而且能使学生注意力更集中，思维更活跃。因此，教师要善于拥有和积极地营造出积极健康、生动活泼的教学心境，从而保证对学生教学工作的顺利进行。

3. 坚忍的意志和执着的信念

意志是人在完成一种有目标的活动时所进行的选择、决定与执行的心理过程。信念是人的一种对某种思想或事物坚信不疑并身体力行的心理态度和精神状态。意志和信念对理论课教师来说是必须具备的一个重要素质。因为教师的工作重点是做好人的教育。面对形形色色的教育对象，各项工作往往不可能一帆风顺，充满着矛盾和挫折。这时就需要教师要有坚忍不拔的意志、执着坚定的信念克服工作中存在的问题。

4. 和谐的人际关系

人是社会的动物，人生活在社会里，就必须与人接触并发生各种关系，这种人与人之间关系的存在和发展，就是所谓的"人际关系"。良好的人际关系是理论课教师发挥角色作用、顺利进行教学工作的基本保障。教师要善于进行良好的人际交往，给自己营造一个和谐的人际环境，使自己能够舒心工作。在工作中，教师除了要保持良好融洽的师生关系外，还要善于与教育管理者的良好沟通、与同事之间的协调与合作，当然也少不了充满温馨关爱的家庭成员关系与亲朋关系。以开阔的胸怀和容忍的度量，发现别人的优点和长处并给予适当的赞美，会使得教师自己的沟通工作更加顺畅。学会在与人交往、对别人付出关注、爱护、信任、鼓励、赞赏和批评的同时，也汲取他人的关爱和鼓励，以便为心理的健康发展获得足够的精神营养。

（五）身体素质

身体是革命的本钱，无论做什么工作都离不开健康的身体，做思想政治教育工作也是如此。思想政治教育教育队伍需要长年累月地与群众进行交流、组织活动，而且要从事必要的业务、科研和管理工作等，这些无不极大地消耗思想政治教育队伍的精力和体力，没有一个强健的体魄，即使有再多的思想政治教育工作经验和知识，也难以充分发挥作用。因而，加强体育锻炼，保证身体健康、精力充沛是思想政治教育队伍的必修课。

第三节　加强高校思想政治理论课教师队伍建设

高校思想政治理论课教师是我国教师队伍中的一支重要的力量，其队伍的建设自然也在其中。党和国家领导人针对高校思想政治理论课的重要性和现实状况也多次强调，高校思想政治理论课教师队伍是用科学的理论和思想塑造人的灵魂工程师队伍，在新的历史条件下担负着培养德智体美全面发展的社会主义建设者和接班人的神圣使命，新时代要特别加强我国高校思想政治理论课教师队伍的建设。

一、思想政治理论课教师队伍建设是加强和改进新时期高校思想政治教育的根本

从高等教育视角看大学生的思想政治素质建设问题，在一定意义上它成为我国向现代化社会及文明社会进步的重要标志。而承担高校思想政治教育任务的高校教师的工作能力和工作水平，在一定程度上又决定了高校思想政治工作的成效。思想政治理论课教育教学所依托的学科是我国特有的一门政治性、科学性和实践性很强的学科。思想政治理论课程的独特性，必然会对从事这一课程教学的教师提出不同于一般专业教师的特殊要求。高校思想政治课教师作为高校思想政治教育主渠道——思想政治课教学活动的主体，是思想政治教育活动的组织者、策划者、实施者和调节者，他们在教育过程中发挥着主导的

作用。

思想政治教育在本质上是一种文化活动，是人类精神生产的一种特殊方式。因而，它必然含有工具理性价值和终极性价值两个方面。按张澍军教授的理解，这种"为人类社会的正常运转和生存发展提供重要条件、思想保证和精神动力"基本上反映了思想政治教育工具理性的社会价值。而思想政治教育的最终目的，是为了构建人的良好德性修养境界，归根结底是人本身的建设问题。高等学校开设的使人"成为人的学问"是教育本质的载体，而思想政治理论课就是那种使人"成为人的学问"的重要载体。作为一种社会角色，思想政治理论课教师不是受家长的邀约或者按学生的意愿，而是受党和国家的委托来教育学生的。这意味着，教师有义务对学生施加符合党和国家要求的影响，其在教育教学活动中的所言所行必须同社会核心价值体系相吻合。另外，思想政治理论课教师要在熟练掌握本专业的知识的基础上，具备广博的知识，包括人文知识、美学知识和现代科技知识等，并且对于思想政治理论课教学相关的交叉学科进行学习，涉及教育学、心理学、伦理学、哲学、经济学、文学、历史学等领域，还应对自然科学领域有所了解。

二、高校思想政治理论课教师队伍建设的指导思想

树立和落实科学发展观，是高校思想政治理论教育发展的重要指导思想。以人为本是科学发展观的灵魂与核心。加强高校思想政治理论教育工作必须做到以人为本，即要把思想政治理论教育工作者和学生的思想政治素质的发展放在首位，确立教师和学生的主体地位，才能抓好思想政治理论课教师队伍建设和强化学生思想政治工作。思想政治理论教育是以人的思想改造为目标的，要合乎人的思想和心理发展，体现科学性。随着社会的进步和新时期思想政治工作的越来越复杂，人们的思想理念和价值取向越来越现实、实际。一方面是思想政治理论教育工作的教师本身也面临着许多理想与现实的纠结；另一方面是教育对象 —— 大学生同样处于一个社会大变革的时期，在思想观念、价值信念等方面存在着多种冲突。大学生处于社会化的关键时期，学校也是一个小社会，处于各种关系中，人的需要就变得更加多样、复杂，这就决定了要用科学的发展的观点做好大学生的思想政治教育工作。思想政治理论课以及日常思想政治工作要适应学生的特点和时代发展的需求，既要全面又要有一定的现实针对性，不能过于理想化、脱离现实。既要进行共产主义理想教育和科学的社会主义核心价值观体系的"灌输"，也要注重满足大学生多方面、多层次、多样化的现实需求，切实解决好他们最关心、最直接的现实问题，强调现实的人文关怀和心理疏导，以有效缓解和解决大学生在新的形势下面对外界的多元思想和诱惑产生

的思想矛盾、心理冲突以及理念上的困惑，增强思想政治理论课和教育工作的针对性。打铁还要自身硬，只有正确把握和理解科学发展观的科学内涵，深化其在高校教师队伍尤其思想政治理论课教师队伍建设中的凝聚力和内在推动力，认真加以贯彻落实，才能在融合社会时代发展与我国意识形态教育特色的过程中不断发展创新，增添新的内容，保持思想政治理论教育的先进性和有效性。

三、高校思想政治理论课教师队伍建设的思路

（一）建立思想政治理论课教师准入制度，制定思想政治理论课教师专业标准

思想政治理论课教师准入制度与思想政治理论课教师专业标准制定应从职业道德、政治面貌、学历、专业、学术水平等多方面制定任职标准。健全的教师任职准入制度，是促进思想政治理论课教师专业化的重要保障机制。中共中央宣传部、教育部提出，新任教师原则上应是中国共产党党员，具备相关专业硕士以上学位，工作期间应兼职从事班主任或辅导员工作。这就为提高教师队伍的素质提供了政策法律保障和依据，促使高校思想政治理论课师资队伍建设走上规范化轨道。政府部门应随着社会发展的步伐，根据教育的需求，不断地制定和完善相关的政策措施，为高校师资队伍的建设起到政策导向和保障依据的作用。

随着知识信息的迅速发展，思想政治理论课教师必须具备广博的知识，高屋建瓴，时刻站在时代前沿，才能适应社会发展的需要。因此，专职的思想政治理论课教师必须是具有坚定的专业理想和健全的职业道德、接受过专业系统教育、掌握了一定的专业知识和技能的专业队伍。由于思想政治理论课教师因其所授课程的特殊性，应当精通两方面的教育知识，一是普通教育学理论知识，包括普通教育学知识、教学法知识、心理学知识、课程论知识、当代世界教育思潮知识等；二是思想政治理论课教育知识，包括思想政治教育的过程、规律、环境、对象、目标、内容、机制、原则、方法等。这两方面的教育知识有着内在联系，思想政治理论课教师是应当将它们融会贯通。只有这样，才能保证思想政治驾驭的目的和任务的实现。

（二）增加思想政治课教师培训和学习交流的机会

经验需要在交流中互相借鉴，知识需要不断地更新，才能适应不断变化的教学实际，

尤其年轻教师可塑性强，培训学习的机会对他们的成长更为重要，然而，大部分大学生思想政治课教师参加培训的比例较低，参加国家级和国外的培训也很少，这不利于思想政治课教师的提高和学科的发展、完善。参加国家级的培训少或者不能参加国外的培训，不利于思想政治课教师放眼世界，了解世情；不利于教师站得高、看得远，增强思想政治课的说服力。因而加大对思想政治课教师培训和学习的投入，并且把学习和培训的机会向年轻教师倾斜，是各级教育部门加强大学生思想政治课教师队伍建设的当务之急。应有系统的培训计划，多层次、多种方式的培训安排，丰富的培训内容。培训交流的后续工作也要跟上，毕竟参加培训交流的是少数教师，因此，每次培训交流之后，还要在一定范围进行座谈和研讨，以带动广大教师共同进步，防止资源浪费。

（三）建立健全考核机制，重视对思想政治教育队伍的考核

考核是高校思想政治理论课教师队伍管理的一项重要内容。各高等学校要进一步建立健全和完善思想政治理论课教师队伍的管理考核制度，加强对思想政治理论课教师队伍的日常管理，严格考核。主要包括以下几方面的考核：

一是素质考核与业绩考核。既全面考核思想政治理论课教师在工作实践中表现出来的思想政治素质和业务素质，又着重考核其具体工作业绩。

二是组织考核与群众评议。既按照一定的组织程序，又坚持群众路线，对思想政治理论课教师进行全面了解和评定，把组织考核和群众评议结合起来，以保证考核的客观公正。

三是年终考核与平时考核相结合。对思想政治理论课教师的素质修养和工作状况，既进行一年一度的集中考核，又结合平时工作开展经常性的检查督促，使考核工作制度化和常规化。

第六章

思想政治教育文化育人工作探索研究

随着经济的快速发展和国民素质的不断提高，人们对教育的认识越来越深入，高校在新时代所肩负的社会责任也越来越复杂。人才培养作为高校教育的基本目标从来没有发生过改变，但随着时代的发展和进步，培养什么样的人成为高校应该思考的重要目标。文化是维系一个民族团结和发展的纽带，在高校育人工作中发挥着重要的作用，是当前高校培养综合性、高素质人才的重要依仗。高校文化作为高校育人的重要题材，在高校人才培养过程中具有不可替代的作用，充分发挥高校文化的育人功能，对提升当前高等教育质量具有重要的现实意义。

第一节　高校文化育人的内涵及意义

作为一个具有育人功能社会单位，高校是人类文明发展的一定程度的产物，也是人类文化和知识积累的必然结果。从哲学的角度来说，文化是高校发展的基础性动力，而高校是文化积累和传播的重要载体，二者相辅相成、相互促进。本质上讲，高校通过选择、吸收和归纳社会文化形成特有的高校文化，成为具有鲜明文化特质的社会组织。高校作为社会行为主体，在长期的育人实践当中，积累了丰富的物质资料，形成了独特的精神财富，高校文化也以此为基础发展形成。高校文化形成并稳定之后，会对在校大学生的价值理念、学习理念造成影响，为大学生的成材提供可靠的保障。

一、高校文化的内涵

（一）高校文化的概念

随着高等教育的快速发展和我国高等教育质量的不断提升，高校工作者正在形成高度的文化自觉，为构建新时代高校文化不断努力。在教育领域，高校文化已经成为一个热门的研究领域，在学者的推动下高校文化已经发展成为一个专有名词。对于高校文化的理解我们不能将其简单地理解为高校内部的文化汇聚，而是要将高校文化理解为高校组织在开展工作当中形成的，具有鲜明教育特点和高校精神内核的社会文化。

文化概念的发展和演变是一个不断变化、不断深入的过程，高校文化概念的形成和发展，也和文化的发展一样，是一个渐进的过程。

国内学者对高校文化的研究开始于 20 世纪 80 年代，最开始大部分的学者对高校文化的认识相对狭隘，研究方向也大多集中于高校文化艺术活动方面，对高校文化的界定没有突破社团活动、文艺活动等方面的限制，但这一时期的研究为我国校园文化的研究奠定了基础。

20 世纪 90 年代，研究者将校园文化的范围进行了拓展，对院校文化的讨论上升到了学理层次，人文素质教育以及通识教育等教育、教学活动都被纳入高校文化的范围。

2000 年之后，我国学者开始对高校文化进行实践建设方面的探索，并围绕这个研究主题展开了大量的研究、探索活动。这一时期对高校文化概念的界定也取得了突破，综合文化、亚文化、文化氛围、精神环境等要素都被用来对高校文化进行完善和界定。

从高校文化发展的历程我们可以看出，高校文化的发展从兴起到逐渐成熟，经历了三个主要阶段：第一个阶段是校园文化兴起的阶段，此阶段对校园文化的认识停留在文化艺术教育层面；第二个阶段是校园文化的发展阶段，此阶段对校园文化的认识发展到，人文素养教育；第三阶段是成熟阶段，此阶段对校园文化的认识发展成为，综合素质发展教育。

在高校文化从兴起到发展成熟的过程中，产生了很多具有代表性的观点。王冀生早期开始研究高校文化，并对高校文化的概念进行了概括和总结，他认为："高校文化是大学在长期办学实践的基础上，经过历史的积淀、自身的努力和外部环境的影响，逐步形成的一种独特的社会文化形态。"眭依凡认为："高校文化可以泛指大学内部的一切活动及活动方式。它们涵盖于主要由价值观、理想追求、思维模式、道德情感等构成的精神文化，主要由大学的组织架构及其运行规则构成的制度文化，以及主要由大学的物理空间、物质设施构成的环境文化之中。"徐飞等则将高校文化概念界定为："大学对于社会文化的选择、整理、吸收、升华，并融入学校自身特点与条件形成的文化。"

鉴于文化理解本身在理解上的复杂性和多变性，我们对不同学者提出的高校文化概念进行了总结和归纳，从综合视角出发对校园文化进行了界定。我们认为，高校文化是以大学为载体的一种特殊的组织文化形态，是指大学在长期的办学实践中所形成的物质财富和精神财富的总和。这里我们所说的物质财富和精神财富主要包括精神文化、制度文化、物质文化以及行为文化等四个方面的内容。当然如果我们要对校园文化进行更为全面的概括，可以从狭义和广义两个方面对其进行描述。狭义的校园文化仅指校园精神文化，而广义的校园文化将物质文化、行为文化、制度文化囊括其中。本书在研究和阐述过程当中，以广义的校园文化概念为基础展开。

（二）高校文化的基本结构

高校文化概念从其文化外缘界定属于一种亚文化形态，其形成会在一定程度上受到文化的影响，当前在对高校文化结构层次的理解上，学界和研究界并没有达成一致的观点。在学术层面上说，当前高校文化结构层次划分的方法有很多种类，比较常见的有"两分法"（将高校文化分为科学文化和人文文化）、"三分法"（将高校文化分为精神文化、制度文化和物质文化）与"四分法"（将高校文化分为精神文化、制度文化、物质文化和行为文化）。本书对高校文化的界定采用囊括范围最广的，在理论界认同程度最高的"四分法"对相关观点进行阐述。

1. 高校精神文化

高校精神文化是高校在长期的教学和组织工作中积淀而成的独特行为方式和价值规范，在高校工作中被学生广泛认可。高校精神文化体现了高校文化生活中的精神要素、价值要素以及道德要求，集中体现了高校的精神风貌。在高校文化构成的四个结构层次中，高校精神文化是高校文化精神的内核，是深层文化价值追求，为高校各项工作的开展提供了强大的精神动力。

从哲学的角度来说，高校精神文化为高校大学生提供了认识世界和学习知识的基本态度。高校精神文化是世界观和方法论的统一，从历史、现实和未来三个时间维度体现着高校卓越的人文追求和价值取向。从哲学上说，高校文化是一种群体文化的凝练与整合，是在高校长期的教学和组织工作中逐渐形成的具有鲜明特色的文化气质。高校精神文化不是短时间内形成的，而是在长期的积累与沉淀中慢慢形成的，在这个过程学校精神文化的形成既受到高校涌现的杰出人才的影响，也受到一批批普通学生的影响；既受到优秀教育工作者的影响，也受到众多普通工作者的影响。在这些群体的广泛影响下，高校精神文化经过长期的沉淀和积累，逐渐形成了既有历史底蕴，又有鲜明时代特征的独特气质，激励着一批又一批的高校学生和工作者。

如，哈佛大学的办学理念是"求是崇真"，校训是"与柏拉图为友，与亚里士多德为友，更要与真理为友"；麻省理工学院的办学理念是"培养学生具有创新能力"；清华大学在一百多年的办学实践中形成了以自强不息、厚德载物的校训，行胜于言的校风，严谨、勤奋、求实、创新的学风和爱国奉献、追求卓越的光荣传统为核心内容的"清华精神"；上海交通大学以"饮水思源、爱国荣校"作为校训；北京交通大学以"知行"作为校训，等等。这些办学理念、大学精神、校训等都是高校精神文化的高度概括，体现了一所大学价值层面的责任与担当。

2. 高校制度文化

制度是规范和约束组织要素之间相互关系的规则。规则是一种具有稳定性和长期性的行为规范，并且规则是保证高校组织正常运作的基础性保障。制度文化以高校的各项规章制度为基础，它源于制度，却与制度有不同的文化属性。制度文化体现了高校学生和高校工作者在学习和工作当中，执行高校各项制度的纪律性，具有更为广泛的影响力和软约束力，能够在更加细微的层面对大学生和高校工作者的行为进行规范。良好的制度文化源于高校精神文化的熏陶与影响，体现着高校强劲凝聚力和高校全体人员的荣誉感。在高校的文化结构层次当中，高校制度文化出于中间，是高校精神文化与物质文化和行为文化联系的纽带。

高校制度文化可以依据不同的标准进行层次的划分，这里我们主要从两个角度来进行分析和说明。

从大学与外部的关系来看，高校的制度环境是由两个不同的环境维度构成，不同的环境维度对应不同的高校制度。从高校外部环境维度来看，高校外部层面的制度主要是国家的教育法规、学生发展政策、高校运作制度，这些制度的主要作用是约束高校组织的行为，为高校的发展提供外部保障和动力。从内部环境维度来说，高校的制度主要包括高校的章程、管理制度、教学制度、科研制度、组织层次、发展规划等，这些制度的主要作用是为高校日常运行提供行为模式，为高校的发展提供内部支持。

从高校制度文化本身出发，我们可以将高校制度文化划分为两个层次：第一个是表层文化，既包含高校内部的各项规章制度，包含国家指导下的各种教育政策；第二个是深层文化，主要是指高校在制定和执行各项规定时所秉承的价值理念和制度追求，比如，渗透到学生学习和工作各个层面当中的隐性的行为约束。

3. 高校物质文化

在长期的办学实践和组织实践当中，高校会积累一批满足高校发展的物质财富和物质成果。高校物质文化是指这些物质成果所形成的客观存在的有形物态文化或无形文化场域。高校物质文化大多是可见的实物，这些物质财富在高校生活当中潜移默化地影响着学生的学习心态，生活心态以及价值心态。高校物质文化包括多种形式，比如，高校的自然景观、文化遗迹、建筑物，具有浓郁高校特色的图书馆、实验室、运动馆等。高校物质文化体现了高校的办学的硬件实力，纵观世界范围内的顶尖高校，无不拥有浓郁物质文化氛围。

高校物质文化是最表层的外显文化，人们可以通过高校的物质文化感受高校的文化氛围、求学氛围和探索精神。很多建校时间长的高校，校园内都保存着见证高校发展历史的景观、建筑等物质文化成果，这些物质文化成果为塑造独特的校园气质和校园精神起着非常重要的作用。在新时代高校物质文化建设当中，我们要汲取其中的精华，更要结合学校的特点和时代发展的特点，顺势而为，打造具有当今时代特色和文化特色的高校物质文化成果。

4. 大学行为文化

所谓行为，是行为主体的一种本能的或有目的的活动。行为主体在长期的行为活动中积累沉淀下来的行为模式逐渐成为一种具有象征意义的文化，这种文化就是行为文化。高校行为文化是在长期的教学和组织活动中基于教育者和学生的行为逐渐积累形成的，能够体现高校独特的精神风貌、价值追求和行为方式的文化总和。高校行为文化是高校精神文化的外在体现，二者通过高校的制度文化紧密地联系在一起。

高校行为文化是高校学生主体在有意识习惯与无意识行为习惯的共同作用下形成的，因此高校行为文化具有动态性、自觉性、复杂性以及多样性等特点。在高校行为文化形成的过程当中，不同类型的学生活动共同作用，最后统一称为一种具有共性的行为模式，推动高校行为文化的形成。此外，高校学生在长期的学习和实践过程当中，在高校精神的指引下，追随者高校的文化价值追求前进，他们的行为也形成独具特色的行为文化。如美国哈佛大学、耶鲁大学、斯坦福大学等世界一流大学大力发展的社团文化，在美国乃至全世界的高等教育领域都形成一道非常亮眼的风景，成为美国高校文化教育和高校行为文化的典范，对世界各大高校的文化育人活动形成了重要的影响。

行为文化作为一种具有特殊性的组织文化，是高校文化体系的一个组成部分，在高校文化活动中发挥着重要的作用。

综上所述，大学精神文化、制度文化、物质文化和行为文化共同构成了高校文化，这几种文化之间具有不可分割的紧密联系，不同的文化要素之间相互联系、相互作用，统一在高校文化发展的框架之内，不断丰富着高校文化的内涵。根据高校文化层次的相关论述，我们可以将高校文化氛围表层高校文化、中层高校文化以及深层高校文化。行为文化和物质文化是表层高校文化，是高校深层文化的外显；制度文化是中层高校文化，起着联结深层文化与表层文化的作用；精神文化是深层文化，是高校文化气质的根本来源。高校精神文化是高校文化的内核，作为整个高校文化体系的基点，承担着为高校文化提供价值方向、精神气质和道德信仰的作用。高校文化结构层次的四个方面，在高校文化发展的过程中相互作用，相互促进，共同造就了特色鲜明的高校文化。

二、高校文化育人的内涵

人类社会延续和发展的两个基本途径，除了生命的繁衍，还有文化的传承。生命的繁衍是自然层面的物种延续，而文化传承则是社会层面文明发展，只有两个层面同时发展，人类的社会才会不断发展，人类的文明才能不断进步。教育和文化之间有着非常紧密的练习，教育从产生之初就承担着传承人类文明，促进社会发展与进步的责任，从更深的层次来说，教育本身也是文化的一部分。德国著名哲学家雅斯贝尔斯曾指出："所谓教育，不过是人对人的主体间灵肉交流活动（尤其老一代对年轻一代），包括知识内容的传授、生命内涵的领悟、意志行为的规范，并通过文化传递功能，将文化遗产教给年轻一代，使他们自由地生成，并启迪其自由天性。"高校作为一个知识共同体，不仅能够将知识传递给求知者，还能够为研究者提供足够的文化支持，同时引领社会知识的进步和发展。高校文化与育人工作的开展，要紧紧围绕育人这一主题，进行深入的文化教育活动，促进大学生文化素养和道德素质的提高。

（一）高校文化育人的概念

为了厘清大学文化教育的概念，有必要对"育人"的概念进行考察。"育"常与"教"合二为一，即"教育"，被广泛使用，始见于《孟子·尽心上》，"得天下英才而教育之"。通过对"教"和"育"的词源和意义的比较分析，我们可以清楚地把握"育"的含义。根据《说文解字》的解释："育"，养子使作善也，这里就有培养人才之意。在《辞海》中，"教"的意思是训练和传授知识和技能。这里的"教"与"育"所指的对象是人，但两者重点是不同的，"教"强调的是知识、技能或方法，体现在模仿、实践能力上，而"育"侧重的是指品德、修养、个性等。精神层面的内容和道德层面强调的是一个渐进的过程。所谓教育，字面上看就是培养人，培育人的意思。《现代汉语词典》将教育定义为"使人成长为社会所需的身心健康的人才"。

通过对"教育"概念的分析，结合大学文化的内涵，可以对大学文化教育作出这样的界定。所谓高校文化教育，是指以文化的理念和方法为基础，利用先进的高校文化，有目的、有计划地对其成员产生影响的育人、发展人的实践活动。高校文化教育过程实质上是一个以文化人、以文育人的过程。

（二）高校文化育人的主要特征

高校文化育人不仅不同于直接的、专业的课堂知识教育，也不同于具有较强政治思想属性的思想政治教育，有其自身的特点。

1. 无形性

大学文化教育的隐形性取决于大学文化的无形性。从大学文化包含的四个形态维度可以看出，作为一个高水平的大学精神文化的核心层面，它包含的大学理念、大学传统、大学精神要素，如直接反映了大学办学理念，价值追求，审美情趣，也是一个国家和社会所倡导的个性化表达的核心价值观，是大学生创造性思维的结晶。这种创造性思维剥夺的符号形式和外部形象的物质文化和制度文化大学，大学特色的抽象话语表达，如价值观、知识、态度和意向，一只看不见的和遥不可及的"手"，在大学生中扮演重要角色。通过大学教育的引导，将其内化为大学生的一种"潜意识"和"自我观念"，形成一种无形的软约束，能够对大学生产生积极的影响，达到教育的效果。例如，大学校风承载大学理念，大学精神和其他形态的价值，及其教育功能是利用人们的从众心理和群体压力等无形的方式，所以大学生深受价值的无形的形式由大学精神，和无意识的内化和外化的行为。同样，大学物质文化、制度文化和行为文化的培养形式也是无形的。一个人物的雕塑，或象征着一个大学的精神或人格魅力，或象征着大学对高雅审美情趣的追求；一项规章制度，不仅是对大学的严格要求，也是对大学理念和价值观的传递；一种行为活动，揭示和传达了大学生的价值追求和审美追求等。这些教育形式形成了具有大学特色的文化场域。它像空气一样无色无味，像阳光一样无形，却能让大学生自由呼吸，在其中成长，达到"润物无声""不言自明"的效果。

2. 渗透性

渗透是指水分子通过细胞膜扩散，最初用于自然科学邻域，通常用来比喻某种事物逐渐通过或强行进入另一方面。大学文化育人的渗透是由大学文化自觉的过程决定的。高校文化育人的过程是一个从文化认知到文化认同再到文化自觉的过程。这个过程不是一个动作或一两项活动就能完成的，有时甚至需要重复，这是一个渐进的过程，是高校文化长期沉浸和渗透的结果。在整个过程中，高校文化在内化与外化之间进行互动渗透，潜移默化地深入大学生的内心，使大学生逐渐适应和接受高校文化，逐渐成为大学文化的实践者和维护者。这个特性使它与传统的"灌输"的思想政治教育理论和传统理论"灌输"教育，主体性的忽视教育客体特征，强调"灌输"的"效率"和"刚性"，和教育对象自动生产线的产品使用的生产方式，往往是越匆忙越达不到的。实际上，教育是一个"持之以恒""浸入人心"的过程，在这个过程中复杂的心理发展，不能采用"洪水灌溉"的方式，而是通过构建高校文化氛围，形成的大学精神文化、制度文化、物质文化和行为文化教育力量，大学的价值理念，发展概念，和行为准则，审美情趣和其他传播通过渗透到大学生，这种渗透的形式是"刚柔相济"整个过程的大学生从入学到毕业，甚至辐射继续影响毕业校友的社会，它集成了所有方面的大学精神文化的制度文化、物质文化和行为文化，覆盖每一个风景、每一栋楼，校园的每一个角落，到每一位老师、每一位学生、每一位校友，影响着每一个成员，用高校文化的烙印印记着他们。

3. 持久性

高校文化教育的坚持源于文化的本质。如上所述，文化是长期发展和积累起来的物质财富和精神财富的总和，持久性是文化的本质属性。美国加州大学伯克利分校原校长克拉克·科尔曾统计："1520 年之前全世界创办的组织，现在仍然用同样的名字、以同样的方式、干着同样的事情的，只剩下 85 个，其中 70 个是大学，另外 15 个是宗教团体。"大学和宗教团体都具有鲜明的文化特征，文化的力量使它们在历史长河中经久不衰。本质上讲，大学是一种文化存在，文化是大学的存在方式和价值选择。这种特性在其子文化或者称为亚文化的高校文化身上都体现得非常明显。高校文化教育的效果一旦达到，就会形成一种把师生联系在一起的"磁场"效应，这种效应短期内不会消除。它将成为大学生一生的价值追求、行为模式和情感家园。"校友"情怀是高校文化在离校大学生身上留下的深刻印记。大学文化越深刻，对学生的影响就越深远。那些历史悠久的名校都会定期举办校庆活动，邀请校友返校。经常可以看到一群 70 岁、头发花白的老校友，他们中的一些人甚至需要拐杖和轮椅才能回到母校；经常可以看到一些校友经常向母校捐款捐物数亿，我们可以看到许多来自世界各地甚至海外的校友参加庆祝活动。这些现象的背后是高校文化的力量，是大学生走出校园进入社会后大学文化留下的文化印记，是高校文化对校友的传承和延续。

4. 多样性

高校文化教育的多样性是由于文化形式和文化载体的多样性造成的。由于大学文化的具体结构和形式各不相同，教育的作用也就丰富多样。大学精神文化，包括大学精神、教育哲学、办学传统、校训和许多其他因素，其中，教育效果在各种直接的方式对大学生的影响，并通过大学物质文化、制度文化、行为文化对大学生的影响，和大学文化的各种表现形式不同，其教育模式呈现出多元化的特点。例如，哈佛大学"求是崇真"的办学理念，不仅是反映在大学运行的过程中，而且在其校训，以及规章制度，以及各种活动由哈佛大学，这是一个多元化的展示和表达。大学文化中的行为文化教育以其多元化的活动吸引人、感染人、启发人、塑造人。大学生传承和创造了丰富多彩的校园文化活动，具有更加多元化的特点。例如，高校的课外实践文化活动就包括军事训练、公益劳动、专业实习、社会实践、课外科技、创新创业、勤工俭学、临时工作演练等内容和形式。不同的课外实践活动可以达到不同的教育效果。

三、高校文化育人的意义

高校文化育人可从以下三种层面进行分析意义，即宏观层面、中观层面、微观层面。从宏观层面来看，高校文化育人对于提升国家文化素养、加强国家建设方面起着至关重要的作用；从中观层面来看，高校文化育人是树立高尚品德的基础，对于人才培养发挥着极大的作用；从微观层面来看，高校文化育人对于学生的思想和行为的指导与约束也具有绝对性的作用。

（一）提升国家文化软实力

"软实力"是指以吸引为手段、以同化为目的的影响力，其相对应的是"硬实力"。一般情况下，"软实力"主要包括的内容是：政治制度的吸引力、价值观的影响力和文化的感染力等，其主要呈现出一种既看不见也摸不着的特点。在国家"软实力"中，文化"软实力"位于核心位置。在国家的综合能力提升过程中，军事、经济和技术力量的增强是其中的一部分；另一部分则是国家文化传承的力量。孔子、柏拉图时代的文明古国所创造和拥有的文化力量，至今仍对国家及世界产生一定的影响力。在当今竞争激烈的时代背景下，提升国家文化的"软实力"已经成为国家的根本任务。提高国家文化"软实力"对于增强整体国民素质、提升国家各方面综合能力起着非常重要的作用。对于整个中国社会文化发展方面而言，高校文化作为一种先进的社会文化层次，是在提升国家文化"软实力"过程中不可或缺的重要部分。

1. 高校文化是社会先进文化的重要组成部分

高校文化对于社会起到引领的重要作用，在很大程度上，高校文化育人水平的高低决定着社会文化水平的高低。学校可以将我国历史文化的发展历程传递给学生，促使人们对文化意识的增强与了解，从而积极推动国家的先进文化继续传承与发展。从高校文化的角度来看，文化素质较高的群体是大学师生，他们有着独立的思维、独特的见解、坚定的信念，并且具备着敏锐的洞察力、活跃的思维能力、突破的创新能力、果断的判断能力等，这些方面对于社会文化发展具有非常重要的意义。因此，提高高校文化育人理念、提升高校文化软实力、是实现文化自觉和自信、强化国家的重要内容。

2. 高校的根本任务是人才培养

高校通过创立一些文化组织来形成一种具有特色的文化环境，以达到文化育人的效果，这种特色的文化环境既可以呈现追求真理的学术氛围，又可以寻找文化的价值导向，并且呈现出具有民主管理制度和自由学习环境的特点。通过利用文化渲染和熏陶来进行高校文化育人的方式，不仅增强了社会主流文化价值的认同，而且可以不间断地为社会培养一批批具有文化素养的高素质人才，无形之中提升了国家文化的软实力。高效文化育人的效果对于国家虽然不会产生立竿见影的作用，但影响却极为深远。

3. 国际交流合作已成为大学新的重要职能

在国际交流合作的过程中，高校扮演着重要角色，其主要体现为高校文化职能，高校文化职能包括：国际人才培养、科研合作、学术与文化交流等。其中，高校文化育人具有非常重要的作用。中国大学和国外大学交流与合作过程中，通过展示价值观念、办学理念和高校形象成为外国人认识中国人的平台。在某种程度上来看，外国留学生对中国文化的感受取决于高校文化呈现所带给外国留学生的感受与印象。因此，高校文化需要在国际交流与合作中呈现出具有中国特色的价值观念和文化传承，将中国文化扩大到世界各地，使外国人感受到中国文化的魅力和影响力。除此之外，在国际交流合作过程中，高校文化可以吸收和借鉴国外高校文化的特点与经验，从而提升自身文化水平，这些都对提升国家文化软实力具有深刻的意义。

（二）落实立德树人的根本任务

"立德树人"的思想由来已久，中国古代传统文化中蕴含着深刻的"立德"与"树人"思想。"立德"的思想可以追溯到春秋时期的《左传》："太上有立德，其次有立功，其次有立言，虽久不废，此之谓不朽。"意思是说，人生最高的境界是树立道德，其次是建立功业，再次是发表言论、著书立说，立德是立功、立言的基础。这也被称为我国古代的"三不朽"。"树人"一词出自《管子·权修》："一年之计，莫如树谷；十年之计，莫如树木；终身之计，莫如树人。"强调的是培养人不是一朝一夕的事情，要着眼长远，作为百年大计。"立德""树人"因而也成为我国历代教育所共同遵循的理念。

中国共产党历来重视立德树人工作。《国家中长期教育改革和发展规划纲要（2010—2020年）》则提出，"立德树人，把社会主义核心价值体系融入国民教育全过程。"党的十八大把"立德树人"作为教育的根本任务，写入党代会报告。党的十八届三中全会进一步强调了要"坚持立德树人"。2016年12月，全国高校思想政治工作会议召开，强调"要坚持把立德树人作为中心环节"，"高校立身之本在于立德树人"。2018年9月，全国教育大会再次明确立德树人根本任务，反映了党和国家对"培养什么样的人、如何培养人以及为谁培养人"这一根本问题认识的不断深化。习近平总书记在全国高校思想政治工作会议上强调，高校立身之本在于立德树人。要坚持把立德树人作为中心环节，把思想政治工作贯穿教育教学全过程，实现全程育人、全方位育人。

所谓"立德树人"是由"立德"和"树人"两个词语组合而成，主要是指"育人为本、德育为先"的思想观念。具体而言，"立德"是指坚持以德育为先的基本理念；"树人"是指把"人"培养成全面发展的人才。立德是树人的基本条件，树人是立德的最终目标。立德既指树立人的道德品质（社会公德、职业道德、家庭美德、个人品德和道德能力），也指树立人的思想政治素质（世界观、人生观、价值观）。立德树人所树之"人"是指德智体美劳全面发展的社会主义接班人。

立德树人的重要组成部分是文化涵养，从而产生了立德树人文化的概念。从"立德"的方面来看，高校文化是社会文化的重要组成部分，充分发挥高校文化育人的作用，既可以使学生对社会核心价值观产生认知与共鸣，又可以养成自觉树立社会核心价值观的习惯，从而达到"立德"的目的；从"树人"的方面来看，具有推动精神文化、制度文化、物质文化等助于学生良好成长的作用。具体包括：学风、管理制度、文化活动等，这些对学生学习习惯的养成、创新精神的培育、健全人格的塑造等起到至关重要的作用。

"以文化人"是指文化对于人起到教导的作用，强调用文化的理念与内容来培养人，使人全面发展。然而，高校文化对于大学生的影响是很长久的，在知识方面随着时间的推移会逐渐忘记些许，但是文化对人的影响却是久远的。因此，立德树人这一概念对于高校文化育人方面是非常重要的部分，良好的高校文化是实现立德树人目标的有效途径。

（三）适应学生思想行为的特点

思想政治教育是教育对象对教育内容化于思想与行动的体现，其具有时效性的特点。提升思想政治教育的时效性的关键任务是要掌握教育对象的具体特征，即教育对象的概念和特点，只有彻底了解后才能有计划、有目的地进行教育活动的开展工作。反之，如果没有对思想政治教育对象的概念和特点做到透彻的掌握，无论思想政治教育的内容多么精炼，还是思想教育的方法艺术多么精湛，都无法取得预期的效果。因此，对于大学生的思想和行为特点进行教育活动的开展，是提升大学生思想政治教育实效性的最佳途径。

当代中国大学生面临着国内外情势的变化莫测，经济全球化快速发展逐渐打破人们固有的观念，从而在世界范围内产生各种思想文化。在国内随着社会的不断发展，经济也随之发展，在多样的社会环境下，人们的独立性、选择性、多变性和差异性等思想活动随之增多。尤其互联网时代背景下，各种形势和问题随之产生，这些都在冲击着大学生的价值观念，使其呈现出多种特点，比如，爱国热情、感性偏执、自我意识强烈、个性自信张扬等。主要体现在他们在热烈讨论西方各种思想文化的同时，自觉不自觉地受到西方文化特别是社会思潮的影响，以西方标准作为衡量尺度，把与国际接轨视为社会发展进步的表现；他们自我意识强烈，个性更趋自信张扬；他们关心政治和国家大事却又不喜欢政治性说教，对方式直接的"灌输式"思想政治教育有一定的抵触情绪；他们受网络文化影响大，互联网已经成为他们的重要生活方式等。

如何落实立德树人的基本任务，如何针对性、实效性来提升大学生的思想政治教育水平等方面的问题是高等教育面临的问题与挑战。面对这些时代问题，高校必须加强思想政治工作力度，积极改正错误的传统教育方法，并且通过创新方式（理念创新、内容创新、手段创新）来实现有效育人的目的。文化具有育人的重要作用，通过文化传承、文化传播和文化创造的方式来培养和教育学生，尤其在高校文化育人方面起到至关重要的作用。精神文化是培养大学生价值观的基本条件；制度文化是规范和约束大学生的重要方式；物质文化是陶冶大学生情操的关键要素；行为文化是塑造大学生人格魅力的有效途径。

第二节　高校文化育人的内容分析

一、社会主义核心价值体系教育

社会主义核心价值观，是以习近平同志为核心的党中央从新时代坚持和发展中国特色社会主义、实现中华民族伟大复兴的中国梦出发，提出的重大战略思想。习近平总书记所作的党的十九大报告深刻阐述了社会主义核心价值观的丰富内涵和实践要求，对培育和践行社会主义核心价值观作出许多新的重大部署，充分反映了我们党在价值理念和价值实践上达到了一个新的高度。高校作为以育人为根本任务的文化组织，也必须把社会主义核心价值体系作为大学文化的灵魂和文化育人的主体。

社会主义核心价值体系本身具有深刻的人文内涵。单纯的灌输和说教，不能准确地传授其深刻的人文内涵，也不可能引起大学生的思想共鸣。因此，大学应该在社会主义核心价值体系的基础上构建自己的核心价值体系，它必须体现大学的基本理念、大学精神、文化传统、现实态度、行为规范和价值标准。只有通过将核心价值体系的内容集成到大学的文化和环境和渗透到学校教育的各个方面，如，教学和管理，才能正确认识和把握社会主义核心价值体系的内容和内化成自己的思想和行为准则。

二、中外优秀文化教育

中国是一个有着 5000 多年历史的文明古国，这彰显了中华文化的强大生命力。所有民族的文化都深深扎根于历史的土壤中。中国丰富的传统文化瑰宝中蕴藏着大量反映社会主义核心价值体系要求的思想精华和文化传统，是文化教育的重要资源和内容。随着经济全球化的深入发展和改革开放的不断深入，国内出现了多元文化的交流和冲突，要借鉴和吸收其中的优秀文化，不断充实文化教育的内容，增强文化教育的吸引力。高校应广泛吸收各种各样的高质量的文化资源，将主流价值观导入大学精神文化、制度文化、环境文化、学术文化和行为文化中，不断充实文化教育的内容，实现主流价值观教育文化，收到良好的教育效果。

三、人文素质教育

人文素质教育是包括"人文知识、人文思想、人文方法、人文精神"的教育。高校人文教育就是通过知识的传递、环境的熏陶和个人的实践，将人的优秀文化成果内化为人格、气质和修养，成为人相对稳定的内在品质。它是高校素质教育的重要内容也是文化教育的重要内容。人文课程的安排，应该充分考虑知识的起点和学生的接受能力，不能盲目地追求高深的文化内容，要根据实际情况合理安排课程，满足学生未来发展的需要。实施人文教育的方式，我们不应该只依靠课堂教育，也要注重专业渗透和实践经验。要注重高校教职员工的言行，将人文教育融入专业教育，实现学生专业实践、社会实践和校园文化环境建设。

人文素质教育强调以做人做事为本。它着眼于实现受教育者全面、和谐、可持续的发展，体现了教育所指向的价值目标。高校人文素质教育，不仅要加强学生在文学、历史、哲学、艺术等方面的教育，同时还要提高学生的文化品位、审美情趣和人文修养，完善学生的人格，促进学生个体身心的发展。

四、创新、创业教育

学生创新精神和创新能力的培养是高校文化教育的重要内容。随着科学技术的进步，产品的技术含量的增加以及生产工艺的复杂性的不断提高，对人才的质量提出了更好的要求。学生不仅要掌握熟练的操作技能，同时还要具有较强的分析问题、解决问题的能力，增强自身在规划、设计、开发和创新方面的能力。同时，振兴国家科技也需要大量动手能力强的创新人才。

高校应重视学生创业精神和创业能力的培养。这是应对日益激烈的就业竞争的需要。随着我国市场经济改革和劳动就业制度改革的深入，高等教育大众化步伐加快，大学生就业形势日益严峻。因此，高校不仅要注重提高学生的就业能力，更要重视学生的创业教育。这也是实现高校培养人才目标的内在要求。高校培养目标要求学生具备一定的创业精神和创业能力。即使一个简单的求职者，面对日益激烈的市场竞争，雇主也会越来越重视员工的主动性、冒险性和开拓能力。因此，加强创业教育，培养学生的创业精神和创业人格，提高学生的创业能力，也是高校文化教育的一项重要内容。

五、科学素养教育

大学生科学素养的培养和提高可以为我国制造业强国战略的实施提供人才支持。发达国家在学生科学素养培养的实践中获得了许多宝贵的经验，这些经验在科学素养结构、科学课程体系、培养形式等方面为我国高校培养学生科学素养提供了借鉴。未来需要不断创新高校的科学学习氛围，教学师资、学科课程、教学模式和评价应用机制，等等，以便有效地提高培养效率和学生的科学素养水平。

良好的科学素养是现代人的基本素质，也是高校毕业生应具备的基本素质。因此，科学素养教育是成为高校文化教育的重要组成部分。当然要指出的是，这里的科学素养并不是指专业的科学知识，而是指科学的思维方式、思维习惯和科学精神。

第三节　高校文化育人实践路径探究

一、加强课堂教学主渠道，发挥教师主导作用

（一）重视课程的合理设计，努力体现教学艺术

只有把教育教学与情感教育紧密结合起来，才能更好地完成教育工作。在教学过程中，教师应以传授知识和实施情感教育为主要目的来教育学生，而实施情感教育更能体现教育的艺术。首先，教师要根据课程的内容，创设与教学内容相关的知识，通过启发和运用各种教育方法，引导学生进入故事内容和教学情境中，引导学生的情绪，使学生的思维跟随着教师的教学内容走。其次，将情感教育深入到教育教学的全过程，学生的行为与课堂教学密切相关。教师要抓住每一个对学生进行情感教学的机会，关注学生的情感变化。同时，教师要通过多种教学方法纠正学生在课堂上的不良情绪，培养学生的积极意识。

（二）重视教育工作者情商能力的提高，努力体现教育艺术

作为一个教书育人的老师，他们的工作就是每时每刻都和学生进行交流和接触，因此必须要拥有较高的智商和情商，包括理解能力、人际沟通能力、适应能力、情绪控制能力等。高情商的教育者能更好地完成教育教学的目标任务。教师作为情感教育的实施者，应注重自我修养，努力把自己变得更加优秀，在教育教学中充分发挥情感教育的艺术品质，从而更好地完成教育教学目标。首先，要保持良好的心态，用理性控制自己的情绪，给学生一种比较亲切的感觉。不要把自己的负面情绪带给学生，加强对自身情绪的控制。情绪是会传染给学生的，教育工作者应该向学生传播好情绪的一面，使他们始终处于积极

的状态。其次，教育者应该以学生为主体，尊重他们，关心他们，理解他们，承认他们的才能，尊重他们的个体差异。时刻关注学生的情感方向，对学生的学习和生活给予密切关注，及时了解学生的情况，帮助学生找到解决问题的办法。要用心与学生沟通，要坚持奖惩处罚处，做得好表扬的原则。在这种情感教育教学中，学生能在心理上真正接受老师，把老师当作自己的老师，也当作自己的朋友。最后，将欣赏教育应用到教学过程中，肯定自己的学生，增强学生的自信心，使学生得到更好地发展。老师的肯定对一个学生来说是非常重要的。在分析一个学生的优缺点时，应保持客观的心态，不能以伤害学生的自尊心为前提，充分发挥情感交流在教育中的作用。

（三）重视育人环境的优化，努力拓展情感教育培养途径

情感是人在一定的情况下产生的，并随着情况的变化而变化。情感教育的实施需要创造一个合适的情境。首先，我们应该加强校园环境的建设。在学校的硬件设施中，要注意校园绿化、图书馆、学生宿舍和教学楼等设施的精神文化内涵；借助校园文化传播渠道，渲染和传播学校健康、进步、和谐的环境。其次，利用课下时间，积极开展丰富多彩的校园文化活动，充分调动学生参与集体活动的积极性，产生集体意识和归属感，增强师生之间的情感交流。最后，建立奖惩激励机制。一方面，开展优秀活动，如优秀干部、三好学生、助学金、奖学金等评价活动，激发学生的学习积极性，调动学生的竞争意识；另一方面，对于不遵守学校规章制度的学生，要给予严厉的惩罚和适当的批评，让学生体验到规则纪律的厉害，体验到自爱、自重、自责的情感经历。

二、开展行之有效的管理育人工作

（一）保障学校有序运转的组织管理制度

中国高校外部管理体制是中国大学历史发展的结果。高校作为一种社会公共服务机构，受到政府的监督和国家的资助。高校必须接受国家和工商总局的领导，为工商总局和社会服务，遵守国家的教育方针、政策和规定，培养学校所需要的人才。行政管理就是充分尊重和发挥总统的主导作用，发挥行政部门的积极作用，按照有关规章制度开展工作。

高校教育制度是一个长期积累的过程。高校管理不把时间、事务、资金、被管理人员等对象作为完成任务的唯一手段，它不是一个技术过程。管理体系的建立旨在规范、激励和约束人们的行为。因此，这一制度的建立和完善将受到高校各利益集团管理理念的制

约和影响。随着社会的进步和高校职能的逐步深化，原有的管理体制与现有的管理理念不协调、不恰当，必然会影响管理工作。学校管理者必须完善学校的组织管理体制，以适应现代高校文化发展的需要。

高校组织管理制度是一项具有鲜明价值取向的主观制度，对高校文化的形成和发展起着不可或缺的作用，也是高校文化形成和发展的重要内在机制。高校管理者是高校组织和管理的塑造者、管理者和倡导者。高校管理应突出人文关怀，注重以人为本，这样才能更好地为广大师生服务。当前，"引申"的人性化管理体系已成为我国普遍大学共同追求的目标，这就是教师的成长和发展为基础，要充分调动起教师的积极性和创造性，让他们真正成为学校管理的主人。

（二）保障教师发挥作用的人事管理制度

高校的目标是为社会培养合格的人才。高校教师承担着教学、服务和管理的重要任务，在教育过程中起着主导作用，因此，成为高校人事制度管理设计的主要对象。制定以教师为本的教育计划，如何更有效地提高教学质量和科研水平，发挥教师的主导作用，对于高校发挥作用具有重要意义。在大学校园里，不同岗位教师的需求也是不同的，这就需要掌握大学人才激励需求的多样性，可以根据员工的地位和个性特征有针对性地设计和创新管理体系。这是一种人性化的追求，而且可以充分调动个人的积极性，形成一个良好局面。

目前，我国高校的氛围总体上是和谐的，但不和谐因素所带来的高校教职员工压力日益增大是一个不容忽视的问题。因此，学校应该为教师创造条件，为教师的发展提供平台，确保教师在和谐、轻松、团结、平等的氛围中愉快地工作。在制定员工管理制度时，更加注重提高教学、管理和服务水平。专业教师管理制度注重明确教学内容、教学方法和教学手段，注重启发式教学和讨论式教学，注重教学水平的不断提高和教学方法的不断创新。学校领导要与教师坦诚沟通，认真了解每一位教师，关心每一位教师，唤醒教师的主体意识，充分满足不同层次、不同兴趣教师的需要。教师是高等教育的最基本的元素，没有老师就不能谈教育，所以教师应该发挥自己的积极性和主观能动性参与学校的日常管理，尽量满足教师在生活、学习和工作中的需要，对教师实施人性化管理。

（三）面向人才培养的教学管理制度

培养高等教育人才是和先进的教育运行管理机制不能分开的，高等教育的正常运行，需要运用科学的方法建立先进的管理模式。目前，培养高层次创新型人才是新时代高校的一项艰巨任务。对高校来说，培养创新型人才的主要环节也依赖于教学，这就要求高校创新教学管理体制，合理有效配置教学资源，以适应社会对人才评价标准的变化。

完善的教学保障体系是教学体系建设与创新的基础。高校要将教师教学的积极性和学生的主动学习有机结合起来，建立起一套科学的监督、评估、激励、考核管理机制，此外还要建立一个实践教学管理系统，这是完善教学保障体系是教学体系建设与创新的基础和保障。

鼓励创新的教学管理体制是培养创新人才的重要保证。教学创新应注重培养学生的实践能力和创新精神，以提高学生的综合素质为目的，在教育教学过程中利用各种积极因素开发学生的潜能，激发他们的创造力。在高校教学领域开展创新教育，必须有准确的定位。

（四）规范学生行为的日常行为管理制度

因为大学生处在成长的过渡阶段，因此如何使学生的行为符合学校的制度和文化规范，以及如何完成在大学自行设计和建设的转型是高校迫切需要解决的一项重要内容。传统的学生管理简单地把学生作为管理的对象，习惯于通过发号施令来实现学校的教育目标。随着大学生自我意识的成熟，这种管理方式越来越丰富，但很难达到预期的管理效果。在新条例实施的背景下，各高校根据条例的要求和自身的实际情况，重新制定了一系列相关的管理制度。重视学生的兴趣，增强学生的主体性，实现全面发展。尤其是一些学生特别关注的，与学生学习生活密切相关的系统，如，登记系统、奖励和惩罚制度，等等，在发展的过程中，要遵循国家有关规定和各种管理系统，以保证学生的切身利益，更好的服务学生成长。

三、构建和谐教育环境，营造育人氛围

社会的发展应该建立在和谐的基础上，使整个社会能够朝着积极健康的方向发展，和谐社会是全人类的共同追求。首先，作为社会文化的一个子系统，大学校园的和谐直接关系到社会的和谐，这是社会发展的客观要求。在倡导构建人与自然和谐相处，社会实现稳定、秩序、活力、诚实友好、公平正义、民主法制的过程中，高校肩负着不可推卸的责任，应该发挥主导作用。其次，构建和谐校园是落实以人为本的客观需要。学校应该为全体师生创造一个和谐的生活和教育环境，真正做到以人为本，思考师生的所思所想，尊重和关心他人，更好地服务于学校工作人员，实现人的全面发展。再次，构建和谐校园是实现高校发展的需要。任何组织的发展都需要软实力和硬实力。软实力建设就是文化、精神

和凝聚力的建设。只有全体教师全身心投入教育教学的学术研究，全体学生全身心投入刻苦学习、刻苦学习，才能实现全校的和谐。最后，构建和谐校园需要培养合格的接班人。只有在和谐的教育环境中成长，大学生的思想品德、人格塑造等才能向积极健康的发展，从而实现整个社会的大和谐，给人类前进的力量。

（一）构建和谐校园文化环境

1. 全方位加强管理

和谐社会的重要标志就要管理有序、秩序良好。学校的管理需要全面加强，为学生的成长和教师的教育、教学创设育人的和谐环境，学校有必要在教学、教育、学术和管理等方面加强管理。学校管理要做的第一件事就是在行政管理方面，要加强学校领导班子的建设，选出能够胜任职务的人才作为学校领导，建立一支专业的领导团队。学校的各项管理工作要实行集中领导、分级管理，确保权责明确，各司其职。把师生的服务和发展放在首位，让师生在和谐的教育环境中不断提高自身的发展。在涉及教师自身利益的问题上，如财政收支、职称晋升和评价等敏感问题，教师要享有知情权，建立透明、公开、公平的管理机制。要充分调动教师的教学积极性，努力营造团结、民主、平等、民主监督、民主管理、民主决策、和谐的教育环境，实现学校的大发展教育。

2. 积极开展各种校园文化活动

校园文化活动是加强高校教育功能的有效性。开展校园文化活动是社会主义精神文明建设的主要需要。文化教育最基本的要求是要营造一个和谐、健康、积极的教育环境，使学生的身心得到更好的发展。一是开展学术研究活动。包括定期组织一些学术研究、学术报告、论文评审等活动，增强校园的学术氛围，正确引导学生积极参与，鼓励和激发学生的创造热情，开阔学生的视野，从而更好地培养学生的创新意识和能力。二是开展社会实践活动。在大学生活中，要充分利用业余时间，鼓励学生和教师参加社会实践活动，如志愿者、参观名胜古迹，体验农村生活，帮助老人和其他社会实践活动，使学生和老师走出校园，进一步加深对社会生活的理解，从而培养集体主义精神、爱国主义精神和吃苦耐劳的品质，将自己所学的知识应用到社会中，真正做到为社会服务，学以致用。再者，需要开展文艺和体育活动。大学要经常开展文艺类和运动类的活动，这样能培养学生艺术精神，陶冶情操，比如，举行演讲比赛、歌唱比赛、时装表演、摄影展等各种文艺活动。注重对学生体格的培养，举办各院系的运动会和各类体育竞技赛，从而增强学生的体质，让学生具有良好团队合作意思，互助精神。

3. 开展和谐的"教"与"学"活动

大学承担着教书育人的使命，教学是教育的首要工作。教学，字如其面就是教与学。它是一种双向的，学生和老师之间的活动。学生的发展和教学的实施，是"教"与"学"和谐的体现。通常情况下，学校应该为教育教学创设和谐的教育环境，将学生作为教育的主体，结合学生的实际情况，制定符合学生发展的学习教育活动。在学习过程中所需要的硬件设备设施学校必须满足，以此来提高学生的学习效率。此外，教师应该加强对学生的指导作用，在教学过程中发挥学生主观能动性，动脑动手能力，进一步开发学生的智力。结合学生自身的情况，教师需要对教材的设计，教学情境的设置、教学空间、教学措施的设计、教学内容的选择等都要进行合理的掌控，从而建立更适合学生的学习方式。教师在教育教学过程中要察觉到学生之间的差别，注重因材施教，理性看待学生之间的不同之处，并以此来建立一套适合的学习方法。最后，教师和师生之间的互动要以"爱"为牵连。爱，是教育的前提。要尊重学生、爱护学生，无论是教育教学还是日常生活中都从学生的需求出发，应该理解尊重学生，将自己所学的知识、优良的品质和高尚的道德情操去引导、教育、感染、激励每学生。一个富有爱心的、有责任感的教师对学生的教育如春雨般润物无声，他们会在自己的教育活动和日常生活中，对学生悄无声息的产生深远的影响。受学生爱戴教师的一句话、一个动作都蕴含着教育的力量，对学生的独立思考和学习方式发生巨大变化。只有在一个轻松自由的学习环境中，学生才能更有激情地投入到学习中去，教师的爱与包容，会促使学生学会自我管理，并主动学习，完善自我，将自己的行为方式融入班级这个大集体中，形成积极向上、团结友爱的班集体。

4. 学校、家庭、社会三方的和谐对教育至关重要

构建和谐校园的重要任务是构建教育者、家庭、学校三方一致的教育模式。想要取得更好的教育效果，就要处理好着三方面的关系，使各方面之间达成一致的教育目标，长短互补。教育从大的方面来说，家庭教育是每个受教者开始的地方。家庭教育是学校教育最不可缺少的一环。因为，学校教育既要增强自身教育优势，又要充分关注家庭教育，利用家庭得天独厚的条件进行日常的劳动教育、日常行为规范教育、感恩教育和亲情教育等。让学生学会关心他人，在乎他人，培养他们自理、自立的生活能力。学校还应当指导和协助家庭创设一个适合学生健康成长的教育环境。如何将学校教育和家庭同时起作用，学校可以定期举行家长会，叫家长参与到教育活动中来，从而更好地提高教育成效。除了家庭、学校，社会对学生的教育意义同样非凡。学生在社会中会受到各种各样因素的影响。学校的发展必须紧密跟社会联系在一起，学校要充分利用各种对教育有利的资源，开展利于学生成长的教育活动。

（二）构建和谐的师生关系

高校文化发展的基本保证是教师关系的优化。教师和学生是高校文化教育的主体，所以，教师关系的和谐对于高校文化教育非常重要。教师和学生的关系应该有条理、伦理以及包含一种特殊的情感，处理好这几种相互关系，对教育事业的发展以及建立文明校园有着非常重要的作用。高校师生对校园文化的创建、维持、更新、传递有着无可替代的作用，没有他们的参与，师生共同遵守的最高目标、价值标准、基本信念和行为规范就根本无法实现。积极向上的文化氛围的前提是师生关系的和谐，是高校文化发展质量和方向的保证。

建立和谐的师生关系，需要教师和学生之间坦诚相待，消除隔离，消除教师和学生之间的距离感，教师热爱，拥护学生，学生爱戴，敬仰老师。教师作为文化教育的传播者，不仅要能运用自己所学知识教育学生，还要发挥自己的人格魅力获取学生喜爱。教师在教育过程中要注重理论知识的灌输，更要注意实践的重要性。教师应该树立良好的时间观念，监督学生不迟到早退；应该不断地充实自己的学识，督促学生丰富自己；应该树立良好的品德情操，帮助学生建立良好的思想追求；应该尊重学生，为学生尊重自己树立榜样。

教师和学生之间应该建立一个和谐、融洽的关系，共同合作完成教学任务。师生关系和谐，教育工作才能顺利开展；同样，师生关系和谐也为后来的教育打下基础；师生关系和谐可以为学生建立一个良好的学习环境，有利于实现学生的全面发展。构建和谐师生关系是当代教育发展的必然结果。教育的过程是教师和学生之间的共同学习，共同进步。因此，在高校思政育人工作中，必须要重视师生关系的和谐。

第七章

思想政治教育实践育人工作探索研究

参加社会实践活动是我国进行的教育体制改革的产物，同时，又是深化教育体制改革的重要内容。几年来的实践证明，大学生参加社会实践活动，是对大学生进行国情教育、爱国主义教育的好形式，也是培养大学生良好道德品质和社会责任感的好方法。目前，大学生参加社会实践活动越来越成为高校对学生进行教育的一种重要手段。大学生生活经验少，非常缺乏实际工作经验和实际操作技能，通过多种多样的社会实践活动，既鼓励他们投入社会实际生活，发扬特长，运用所学知识为社会服务，同时，又在实践中得到锻炼、教育和提高，为大学生日后走上社会打好坚实的基础。因此，通过实践活动，缩短了大学生个体社会化的过程，这对我国高等教育的发展会起到积极的作用。

第一节　社会实践在高校思想政治教育的重要作用

高校社会实践是课堂教育的补充和延伸，是高校育人的有效途径，是高校教学工作的有机组成部分，是大学生成长成才的必由之路。在高校思想政治教育中，大学生思想政治教育活动结合社会实践有序进行是至关重要的。

一、高校社会实践的内涵思考

实践是指人类所特有的对象性的物质活动或感性活动，社会历史性、客观物质性、自主能动性是其具有的一般特征。总而言之，作为人类实践活动的重要组成部分，高校社会实践活动在根本性质上与人类实践活动具有一定的相同性，但不可否认的是，大学生作为一个特殊的群体，相应地使得高校社会实践活动也具有不同于人类实践活动的特性。

（一）高校社会实践活动是人类社会实践活动的重要内容

1. 高校社会实践活动是物质性的活动

高校社会实践是一种客观物质性的活动，这是指大学生作为社会实践活动的主体、实践的对象、手段都是可以感知的客观实在；社会实践的展开过程以及实践活动本身的发展，都受客观物质条件的制约，与自身、家庭、学校、社会的投入程度密不可分；社会实践的结果同样是独立于人们主观意识之外的客观存在。

2. 高校社会实践是主观能动的活动

高校社会实践是一种自主能动性的活动，这是指大学生总是将自己的理想追求、个人价值的实现作为实践的目的，融入活动之中，不仅使社会实践活动烙上自主能动性的印痕，而且会根据主客观条件的变化适时调整活动，以保证预定目标的实现，并对社会实践结果积极进行总结、评价、反馈，以促进今后社会实践活动的拓展与深化。

3. 高校社会实践是社会历史互动的重要构成

高校社会实践是一种社会历史性的活动，这是指作为人类社会群体中的一员，大学生生存、发展活动本质上都是实践活动，这项活动构成大学生社会存在的现实基础，并使高校社会实践活动呈现出鲜明的基础性和常态化的根本性特征；生活在不同历史时期的大学生所面临的社会环境、问题和所承担的历史使命各有不同，并随着社会进步而置身于动态的、发展的历史进程中，从而使其社会实践呈现出鲜明的历史和发展的时代性特征；高校社会实践活动总是在一定的社会关系中进行的，是一定条件下社会、国家、学校、家庭和大学生自身互动的结果，因而使高校社会实践活动呈现出鲜明的民族和青年的群体性特征。

（二）高校社会实践活动具有特殊性

在具体的高校社会实践活动过程中，实践主体主要是大学生，这就使得大学生实践活动和其他社会群体实践活动比较来说，在特征和属相方面有着本质上的不同，具体体现在以下几方面。

1. 阶段性特征

首先，社会实践教育活动是大学生社会化过程中的重要阶段。个体的社会化贯穿人的整个生命过程。这一漫长历程大体分为四个不同的阶段，每一阶段都担负着不同的社会化任务，并使每个阶段的社会化实践活动呈现出不同的特点。

处于少年时期的中小学生的社会实践活动：少年时期的中小学生处在人生中的生长发育阶段，其社会化任务是奠定走向社会的健康身心基础。他们的社会实践活动场所以学校和家庭为主，侧重于学习模仿、生活体验和文体娱乐方面的活动，因而具有培育性、模仿性和体验性的特点。

处于青年时期的高校社会实践活动：青年时期的大学生处在人生中的成长成熟阶段，在这一阶段中为进入社会、承担社会职责做好全面的准备是其进行社会化的主要任务，从这个视角来说学习性、成长性和社会化是此阶段所呈现的特点。

处于成年时期的劳动者的社会实践活动：成年时期的劳动者处在人生中的劳动创造阶段，其社会化的任务是在社会生活中创造财富、赡老抚幼、履行社会职责。他们的社会实践活动就是创造物质文明、政治文明和精神文明的人类最基本的实践活动，因而具有生产性、创造性和奉献性的特点。

处于老年时期的退休老人的社会实践活动：老年时期的退休老人处在人生中的颐养天年阶段，其社会化的任务是提携后辈、发挥余热、安度晚年。他们的社会实践活动主要是一些力所能及的活动，具有支持性、传授性和共享性的特点。

由此可以看出，在将高校社会实践活动与其他三个阶段的实践活动进行比较时，高校的社会实践活动表现出更鲜明的个性特征。具有学习性、成长性和社会化的特点。

其次，高校社会实践教育活动具有自身发展的不同阶段。大学生进入大学后的学习活动实际包括从中学到大学的转换阶段（大学一年级）、大学学习生活相对稳定阶段（大学二、三年级）和即将毕业走向社会的转换阶段（大学四年级）。在这三个不同阶段分别承担着基础课学习、专业基础课学习、专业课与专业技能学习的不同学习任务，因而社会实践活动也表现出不同的阶段性特征。

2. 综合性特征

对于大学生来说，能够更好地融入社会、承担社会职责是大学生进行大学生社会化的主要任务，为了更好地实现这一目标，就必须要求大学生在学习和社会化的过程中，不断地充实自己的知识，提升自己的能力水平，锤炼自己的人格素质，从各方面严格要求自己，成为社会需要的综合型素质人才。从这个意义上说，高校社会实践活动来说，实践理念的包容性、实践内容的全面性以及实践形式的多样性都是其必须具备的特质，可以说综合性特征必然会成为高校社会实践活动必须具备的。首先，高校社会实践应该实现德、智、体、美的有机结合，完成全方位育人的目标，强化社会实践内容的全面性。大学教育的专业化特点，使得学生的知识结构呈现出突出的单科性倾向，而社会实践活动内容的全面覆盖，无疑提供给学生一个综合学习掌握多种知识，应用和创新所学理论的机会。其次，高校社会实践应该实现自我教育、学校教育和社会教育的有机结合，突出社会实践形式的多样性。高校社会实践活动要针对大学教育和社会教育、理论教育和实践教育脱节的现象，架构连接两者之间的桥梁与纽带，通过有目的、有计划地拓展社会实践活动的领域，实现社会实践形式的多样性，为大学生的全面成长成才提供多样化的实践环境和实践方式。最后，高校社会实践要充分彰显出实践理念的包容性，就应该在具体的活动过程中充分结合主观与客观、理论与实践，充分发挥科学理论对于实践活动的指导作用，充分发挥大学生的主观能动性，并不断深化理论认识，进一步指导具体的实践活动，从而持续提升社会实践活动的品质，为大学生全面成长成才提供科学的、包容的社会实践理念。

正是由于高校社会实践活动的综合性特征，中共中央、国务院《关于进一步加强和改进大学生思想政治教育的意见》指出，要积极探索和建立社会实践与专业学习相结合、与服务社会相结合、与勤工助学相结合、与择业就业相结合、与创新创业相结合的管理体制，增强社会实践活动的效果。

3. 预演性特征

严格讲，高校社会实践行为本身，很大程度上依然属于"校园行为"。对于大学生而言，这种活动是一种有意义的起点，未来的知识储备、能力释放、生命体验、生活展演、事业开拓，都必须借助于大学阶段的教育和相应的社会实践活动奠定良好的基础。所以，社会实践活动是大学生对未来社会生活、工作方式与学习方式的一种预演，对于他们的成长具有积极影响，有利于培养成人感受和社会性情感，锻炼自理能力，培养日常生活、工作技能；有利于他们尽快融入社会，加快他们的社会化进程，早日成才。

具体而言，这种预演性特征主要包括：

首先，思维的预演性。思维预演在高校社会实践活动中举足轻重。它是指活动的组织者、参与者在活动方案的设计、实施过程中对实践行为影响下可能发生的思维走向和行为结果进行假设性的分析。这种思维的预演，能够确保社会实践活动展开前有周密的方案，活动进行中有内容及时调整的举措，活动完成后有全面的总结。因此，高校社会实践活动的思维预演，要求有明确的实践目标、内容、形式，有多种非正常状态的假设和应对预案，通过实践完成活跃思维、调控认识、学习知识、提高能力、服务社会的任务。总之，在思维活动中要以假设的方式预演整个社会实践活动，以胸有成竹的方式推进、调控社会实践活动。

其次，行为的演练性。正如前面所言，高校社会实践是大学生在大学阶段进行的校园行为，主要针对成年时期的劳动者的全面履行社会职责的生产型、创造型和奉献型社会实践活动而言。因而，大学生在社会实践活动中的所有行为，无论是在课堂内外或者校园内外，无论是求知还是践行，无论是仿真性的训练还是实战型的练习，他们的实践活动都应该自然而然地成为未来工作方式、学习方式和生活方式，而现在的社会实践活动教育可以当作为未来做准备而提前进行的演练或排练。通过现在的演练，熟中生巧，到将来时自觉变成一种习惯；通过现在的演练，可以不断发现当前存在的问题并不断解决问题。在演练中，无论成功还是失败，对于大学生今后走上社会的实践活动都是有益的借鉴。

最后，环境的仿真性。仿真或模拟，一般指通过建立系统模型对实际系统进行实验研究的过程。而高校社会实践活动环境的仿真性是指在课堂活动环境、校园活动环境、校外活动环境和网上活动环境中的仿真。营造这样一种仿真环境，可以解决现实社会中高校社会实践活动面临的诸多困难，如，大规模参观考察、实习训练所面临的交通、食宿、安全方面的困难和社会实践基地严重不足等问题；符合大学生长期在校园学习生活的特点，为大学生就近、就便和经常参加社会实践活动提供场所，有助于高校社会实践活动的常态化、长效化；可以确保高校社会实践活动的可控性，有利于高校社会实践活动预定目标的实现和突出问题的即时解决。在这些仿真环境中，大学生可以充分获得相应的知识、能力以及道德品质，以为未来踏入社会做好充足的准备工作。因此，在对高校社会实践活动规律充分把握和遵循的基础上，把握社会实践活动环境的仿真性特点，积极营建多种形式的模拟仿真环境，极具价值和意义。

4. 创造性特征

创造是人类实践活动独有的特征。建设创新型国家，提高自主创新能力，是中国现代化建设的时代要求。因此，培养具有创新精神与实践能力的高素质人才，是高等教育肩负的历史使命。大学生作为继往开来的青年一代，在社会实践活动中固然要完成学习继承的历史任务，更要勇于面向未来、开拓创新。这就要求高校社会实践活动必须具有创造性特征，这种创造性特征具体表现为：首先，大学生在社会实践教育活动中活学活用知识的应用性特点。这一特点强调的是大学生学习应用知识的自主性、灵活性、实用性和有效性，增强大学生发现问题、分析问题和解决问题的能力。显然，这种应用性的社会实践活动，有助于大学生尽快完成所学与所用、主观与客观、知识与能力、理论与实践的连接，为创造性实践奠定基础。其次，大学生在社会实践活动中追求新知、探求未知的探索性特点。这一特点强调的是大学生学习应用知识的好奇心、敏锐性、想象力和坚定性，增强大学生追求真理、敢为人先、攻坚克难的品格与能力。显然，这种探索性的社会实践活动，有助于大学生处理好新知与旧知、未知与已知、真知与伪知、知行合一与知行分离的相互关系，为创造性实践拓展空间。最后，大学生在社会实践活动中实现从无到有、综合集成、拓展深化的创新性特点。这一特点强调的是大学生学习应用知识的独创性、新颖性、集成性、拓展性，挖掘大学生的创新潜力，激发大学生的创新活力，增强大学生的创新能力。显然，这种创新性的社会实践活动，有助于大学生处理继承与创新、平庸与卓越、失败与成功的相互关系，为创造性实践引领方向。

综上所述，高校社会实践活动具有的阶段性、综合性、预演性和创造性特征，相互关联，内在结合，共同作用，呈现出高校社会实践活动鲜明的特殊性。

二、高校社会实践的重要意义

（一）在社会实践中可以提高大学生思想政治素质

在大学生素质结构中，思想政治素质是最核心、最根本的部分，思想政治素质是否合格是衡量大学生人格成熟与否的关键。在我国高校教育教学体系中，大学生的思想政治素质主要是通过思想政治教育来培养的，而高校思想政治教育的根本原则就是理论教育和实践教育相结合。理论教育（思想政治理论课）与社会实践（寓"教"于"行"）就如同车之两轮、鸟之两翼，是高校思想政治教育不可或缺的两个方面，相辅相成，相得益彰。

目前，我国仍然处在社会主义初级阶段，而社会主义市场经济体制的建立和不断完善，为人们的思想观念带来了很大变化。在现阶段，由于受到外来文化等各种因素的影响，在我国，各种价值观的并存，需要大学生进行详细的辨别和反思，需要大学生投入到社会实践中，在实践中不断摸索和寻找思想政治教育与新时代精神的契合点。如果说在课堂上思想政治教育的形式和内容是单一的，是纯理论的灌输与启发，那么社会实践就更加多样化，强调理论与实际相结合，历史与现实相结合，力求从多个角度让学生接受并接受教育。社会实践强调教育符合社会现实，可以帮助学生剔除思想中不符合实际的因素和错误的观念，引导学生确立新理想、新目标、新追求，树立正确的世界观、人生观和价值观，使大学生在理想与现实的联系中作出既符合社会需要又有助于个性发展的选择。

（二）在社会实践中可以培养大学生的综合素质

实践出真知，实践长才干。面对当代中国社会日益严峻的就业和求职压力，大学生已经意识到，没有一定的岗位胜任能力和社会适应能力，包括技术应用能力、实际动手能力、组织管理能力、社会交往能力、语言表达能力、办事应变能力，等等，就会使自己在职场竞争中处于十分不利的地位。

社会实践是加速学生成长社会化进程的重要途径。大学生年龄一般在 18—23 岁，正处于生理上基本成熟、心理上加速发展的阶段。社会实践中可以帮助大学生了解社会、认识社会、体验生活，培养公德意识和社会责任感，树立社会角色意识，提高认识社会、适应社会以及社会交往的能力，从而加速其成长社会化的进程。

社会实践是促进大学生素质拓展的重要途径。如果把知识比喻为大学生的猎物，那么素质就好比是大学生的猎枪。只有素质提高了，才能更好地学习知识、吸取知识、驾驭知识、运用知识、创新知识。而大学生在校内学到的书本知识只有经过社会实践的锤炼，才能内化为全面而丰富的个人素质。通过参加社会实践，大学生不仅可以全面提高语言表达能力（母语、外语运用能力、书面口头表达能力）、社会交往能力、搜集处理信息能力、组织协调能力等基本素质，而且还可以提高自己的人文素质（理想信念、人格情操、意志品质、审美情趣等）、职业素质（职业道德修养、职业技能、岗位胜任能力等）和创新素质（创新精神、创新能力）。

三、高校社会实践中存在的问题

社会实践活动立足现实，结合实际，根据大学生自身特点把思想政治教育转化为指引高校社会实践的动能，使大学生受到了实际锻炼，丰富了社会阅历和工作经验，提高了创新能力和就业竞争力，在我国高等教育中有着其他课程和活动不可替代的作用。但是，高校社会实践也存在着不少问题。

（一）社会实践执行过程中缺乏思想内涵

目前，多数高校社会实践的形式基本相似，模式也比较单一，而且内容缺乏新意，大多数都流于形式，缺乏思想内涵，这就远远达不到社会实践活动的预期效果。

开展高校社会实践的目的是促进大学生的成长成才，作为社会实践活动的组织管理部门，高校团组织一般根据思想政治教育的内涵制定社会实践活动的主题，但是在执行的过程中，往往会出现思想性不强、内涵缺失、以活动谈活动、缺乏理论反思和进一步提升的现象。这也是社会实践执行过程中的出现的重要问题。究其原因，主要有以下几方面。

一是大学生对理论掌握的水平不高，驾驭实践的能力有待提升。虽然大学生能够认识到只有掌握了马克思主义科学实践观、具有中国特色的社会主义共同理想，才能够驾驭社会实践活动的基本方向，但是还不能在实践中较好地践行。内涵不足导致的最显性的结果就是社会实践活动流于形式，这也成为目前高校社会实践活动普遍存在的问题。有的大学生在图书馆里做农村调查，没有深入到农村一线，有的社会实践活动的口号多于实质性的内容，甚至有的学生托关系找基层单位盖个章就回学校混学分。

二是开展活动之前没有明确的目的性、专业针对性不强。从开展社会实践活动以来到现在，一些问题总是一而再，再而三地出现，如社会实践重形式轻内容，实践活动的开展往往与学生所学的专业无关，因而在实践活动中也不能体现出学生专业特色和知识水平，而且时间形式也比较单一，在内容上比较笼统，而且内容毫无特色，没有什么新意，实践活动多为简单的参观、调查，这种旧的形式很难引起学生的积极参与，这些陈旧的形式，循规蹈矩难出新意，严重遏制了学生参与的热情，因而对于学生素质的提高也是收效甚微。

（二）社会实践工作机制不完善

社会实践工作机制的不完善主要表现在：

首先表现在领导机制不完善。在高校，社会实践活动是在20世纪80年代开始出现的，是由团中央组织倡导。就当前看来，在高校，一般会选择在寒暑假时期开展社会实践活动，通常是由共青团或学生工作部（处）的一个部门组织实施的。但是，社会实践活动还涉及行政、教学、后勤等多个部门。只有各个部门齐抓共管，相互配合，才能确保高校社会实践活动平稳有序地开展。目前，高校社会实践活动还存在着领导机制不完善的问题，突出表现在领导责任不明确、没有形成合力。

其次表现在指导机制不完善。社会实践活动内容十分丰富，不同类型的社会实践活动有着不同的要求，学生参与其中需要有专职教师作专门的指导。但目前高校社会实践活动指导老师团队建设还很不够，分类管理、指导思想和机制还很薄弱。

再次表现在激励机制不完善。从目前来看，绝大多数高校在社会实践活动的激励机制建设上仅仅停留在一年一度的"暑期社会实践总结表彰大会"上，通过层层推荐审核，对先进个人和组织进行公开表彰。应该说，这只是一种通行的经典激励模式，不仅激励面不宽，而且激励的深入性和持久性均不充分。

最后表现在保障机制不完善。这首先表现在投入不足、经费紧张上。其根源在于许多高校把日常专业教学当作硬任务、把社会实践视为软任务的思想根深蒂固，对高校社会实践重视不够，同时在争取校外社会资源支持方面缺乏新思路和新举措。此外，缺乏规范稳定的实践基地也是制约高校社会实践活动开展的重要"瓶颈"。单靠学生个人去联系实践单位，其效果将大打折扣。只有校方主动与各个企事业单位联系，广建基地，才能保证社会实践活动的持续稳定。

（三）社会实践中学生参与的积极性不高

大学生个性强，想象力与创造力丰富，思想不够成熟，往往对烦琐复杂的操作以及老旧的行为方式有所排斥，部分社会实践的形式过于呆板，内容陈旧，流于表面，多于应付，缺乏深度，社会实践内容空洞，而且陈旧不堪，这些是导致大学生参与社会实践的兴趣下降的直接原因。同时，在高校中，社会实践针对性不强，这就大大影响了大学生参加社会实践的积极性。由于传统社会实践给人带来的印象，好多大学生认为，参加社会实践仅仅只是为了混学分，应付差事。在这样观念的影响下，许多大学生对社会实践抱着敷衍了事的态度，好多人甚至没有去做实际发的社会实践活动，只是在假期末从网上找一些社会调查报告，这样的话，社会实践还不如不开，学生反而多了弄虚作假的行为。在许多高校中，经费比较短缺，因而在社会实践这一块没有太多的经费投入，社会实践也往往是运动大于目标，只注重社会实践是否开展了，而忽略了社会实践的真正效果。真正做到对学生的社会实践关注关心，并大力支持学生进行社会实践活动，保证社会实践活动能够有重点的展开；同时要本着开展社会实践活动的目标来进行活动，提高社会实践活动的实效性。基于这样的目标，高校在开展社会实践活动时，必须遵循"以生为本"的发展理念，充分考虑学生自身的实际情况，广泛征求学生的意见，不断鼓励学生根据自己的特长以及兴趣爱好等来确定社会实践的方向和主题，从而不断创新社会实践的内容，不断增加社会实践的新形势。

第二节　社会实践模式的多种运用

经历了多年的发展研究，社会实践也从最初的懵懂走向了成熟。在高校，社会实践成为高校进行思想政治教育的一种重要的手段。各大高校的实践使得社会实践活动的模式更加多样化，内容也更加丰富，在这里，主要针对勤工俭学和志愿服务等几种常见的社会实践活动的模式进行论述。

一、勤工俭学实践

勤工俭学是学生利用假期或课余时间进行有偿劳动，以取得一定的经济效益，来补充自己的学习、生活费用，改善自己的学习、生活条件的一种社会实践活动。勤工俭学是我们党一贯倡导的，我国老一辈无产阶级革命家为寻求马克思主义真理，在 20 世纪 20 年代初远涉重洋赴欧洲勤工俭学，后来大多数成为中国革命的领导人，这也部分受惠于勤工俭学过程中的素质磨炼。

组织和指导学生参加一些校内外的勤工俭学活动，不仅可以让学生在服务社会中取得一定的经济报酬，减轻家庭的经济负担，资助自己的学习和生活，改善自己的生活和学习条件，还可以让学生接触社会，把所学的理论知识付诸实践，在社会实践中体验社会，提高自己适应社会的能力、实际操作能力和动手能力，增加社会经验，培养工作能力，积累工作经验，而且还可以充实学生的课余生活，使他们经受劳动的锻炼，明白劳动的意义，加深对劳动的认识，懂得取得劳动报酬的不易与艰辛，培养艰苦奋斗、自力更生的精神。因此，勤工俭学活动是于学生自己、家庭乃至社会都有利的事。

但是，目前许多高校则更多地强调勤工俭学的助学意义，忽视了它的素质拓展，仅仅把勤工俭学纳入贫困生资困体系，主要面向贫困生提供校内外勤工俭学机会。这样，就把许多非贫困生拒于勤工俭学门外。勤工俭学是社会实践课程体系中唯一具有对等有偿性的一门"课程"，可以让学生真正体验自食其力的快乐，有着独特的教育意义。因此，不能狭隘地理解勤工俭学的作用，更应该从"育人"的高度来审视和把握勤工俭学的价值与意义，大力支持和鼓励更多的在校大学生去参加各种形式的勤工俭学活动。

二、志愿服务实践

志愿者是一个没有国界的名字，是指基于良知、信念和责任，不为任何物质报酬，自愿贡献个人的时间、精力、金钱等，为社会和他人提供服务和帮助的人。当前，越来越多的青年人和社会各界人士加入志愿者队伍中来，在扶危济困、应急救援、大型活动中发挥了不可或缺的作用，成为培育和践行大学生思想政治教育的重要载体。

（一）大学生进行志愿服务的意义

（1）志愿服务有利于大学生心灵和谐。志愿服务亦具有治心的作用，志愿服务有助于丰富大学生个人的生活体验，满足其精神上自我实现的需求。通过志愿服务活动，大学生能够美化心灵、提高自我，并且增强对社会和国家的责任感、使命感。

（2）志愿服务有利于人与人的人际和谐。人与人的和谐是社会和谐的根本保证，只有人际关系和谐了，才有可能形成整个社会的和谐。我国正处于社会转型的特殊时期，社会保障体系尚未健全，大学生通过提供各种服务减轻了社会群体间的摩擦，增加了社会成员的生活保障，缓解了人与人相互的矛盾，给受助者带去了人间真情，使他们真切感受到了来自他人的温暖，因而促进了整个社会的和谐稳定。

（二）大学生志愿服务的类型

1. 校内志愿服务

校园是学生学习生活的主要场所，除了学习必需的教室、图书馆等，还有学校提供的一系列生活条件设施，如供学生住宿的学生公寓，供学生就餐的餐厅，供学生运动的活动中心、田径场等，这些都需要各类服务。根据服务项目的性质大致可分为以下两大类。

（1）公寓服务。学生公寓是每所大学校园占据面积最大的部分，整洁文明的公寓环境既是学生们所追求的，也是校园环境的重要组成部分。要维持公寓整洁文明，不仅需要每个学生的良好文明行为习惯，也需要大家极力地维护。公寓服务不仅能让学生体会到工作人员、管理工作的艰辛，更能增强学生的警惕性和责任心。

学生公寓一般设有安保员、保洁员和督导员等岗位，安保员担负每幢学生寝室楼及周围环境的安全保卫工作，对外来人员、携带大件物品出入的人员要认真询问登记，要做好寝室钥匙出借、保管工作。

保洁员担负着公寓公共楼道和公共卫生间的清洁保持任务，保洁员要每天对扶梯、窗台、地面、盥洗室台面等做一次基本全面的清理打扫；督导担负着住宿生就寝纪律、卫生文明的督促引导，要做好晚寝查房工作、纪律督查及住宿生思想政治教育引导服务工作。

（2）餐厅服务。餐厅是每所大学必备的服务场所，也是学生们每天必去的地方，餐厅根据来自不同地方学生的饮食习惯提供长时间的饮食服务。餐厅的饭菜是否可口新鲜，餐厅的卫生是否过关，都是学生们非常关心的问题。当然餐厅也需要大量的人力资源，需要高水平、高素质、责任心强的管理人员提升餐厅的管理效益；需要大量高素质的服务人员提升餐厅的服务质量；需要通过各种调研改善餐厅饭菜质量。如果学生能参与餐厅管理或服务，既能提升餐厅的管理效益，又能提升餐厅的服务质量。

餐厅服务从菜式设计、买菜、择菜、洗菜到配菜、打菜、卖菜到收盘、洗盘、擦桌，不仅可以让大家了解到餐厅的经营方式和管理现状，也可以让大家获得日常家务生活经历；不仅可以锻炼学生的动手能力，更能树立学生自主参与学校后勤服务管理的意识，是志愿服务的极佳场所和项目。

（3）校园保洁服务。大学校园内的公共设施，如，田径场、篮球场、网球场、游乐场，不仅是校内学生和教职工的学习娱乐场所，也是周边居民学习娱乐的公共场所，所以不仅需要专人负责打扫，更需要学生自主维护、自觉保护，才能一直保持校园清爽整洁。

校园保洁包括绿化整修和日常保洁等服务。绿化整修主要指对校园绿化带的整理保洁，即对相应的绿化地带进行落叶清扫、生活垃圾清理、杂草清除等工作。日常保洁服务包括校园环境保洁维护，如，清除小广告"牛皮癣"、打扫教室、整理机房等工作和校园地面保洁，校园地面保洁的主要任务是清除地面残留的顽渍污垢，清扫地面上的生活垃圾，清除墙面、砖面上的灰尘污垢等。

（4）教学服务。不少高校都建有附属小学或幼儿园，因此附属小学或幼儿园也成了大学生义工校区服务的特殊平台。在附属小学，义工可根据自己的专业能力和水平担负起课堂教学工作；在附属幼儿园，义工可担负保育员、教学辅助工作、组织幼儿开展游戏等。

（5）图书馆服务。图书馆是一所大学的门面，每个大学都非常注重图书馆的建设，图书馆不仅藏有大量书籍，更是提供学生自主学习的最佳场所。图书馆内不仅要经常整理大量书籍，更要每日保持馆内整洁，所以图书馆义工工作可包括图书整理、阅览室管理、书签制作、图书上架、资料室小语种书籍名称翻译、环境保洁等。学生在服务期间不仅能学习归类归档等专业知识技能，更能督促自己养成良好的借还习惯。

（6）超市服务。校园内一般都设有提供学生日常生活所需的服务场所，如超市等等，学生在超市服务中不仅能深入接触买卖市场，了解市场机制及规律，更能在历练服务态度同时提高自己的综合素质，超市服务包括收银、上下货、迎宾、柜台服务等工作；

（7）打印事务。服务打印事务服务可让学生能通过实际操作加深对编辑打印文本的了解。打印事务服务包括文本编辑、外文翻译编印、复印打印等工作。

（8）大型活动服务。每所高校都非常重视文化建设，同时也会每年举行不同的文化活动，如，不定期地举行一些国际文化交流活动，常规活动如迎接新生、军训、运动会、迎新晚会等。在这些活动举行期间，义工可以根据自己的特长和爱好从事接待、引领、翻译、后勤服务等服务。

（9）外事服务。通过外事服务可以有效对学生的外语交流能力进行训练。通常，外事服务主要包括留学生事务管理、外籍教师事务管理、外教外宾接待、中外文化交流等工作等。

（10）行政辅助服务。行政辅助服务可以加强学生的专业实践能力。这个岗位涉及面较广，包括财务处开设的财务事务协助工作、教务处开设的教学事务协助工作、办公室开设的文秘事务协助工作及学校、学院各相关处室开设的行政事务协助工作等。学生可根据自己的专业特长和时间选择岗位进行服务。

（11）医疗辅助服务。医疗辅助服务可以培养学生的自我保护能力，增强学生自我医护知识，服务内容包括新生/毕业生常规体检、运动员体检的宣传、维护秩序；特殊医药用品（如消毒药棉）的简单制作和突发医疗事件的临时医护工作等。学生可根据自己的爱好和兴趣从事各项服务。

2. 校外志愿服务

服务社会既是现代大学的重要职能之一，也是培养学生综合职业能力的一大平台，校外服务作为高校志愿服务的一个重点项目，主要包括以下几方面内容。

（1）依托地方行政部门开展的服务项目。在每个城市中，都会有志愿服务项目活动，尤其是在国家级历史文化名城、国家优秀旅游城市等，可以开展一些与人民群众密切相关的活动，更加贴近群众，开展一些与民生问题息息相关的活动，贴近人民，贴近社会，可以在实践活动过程中真正帮助到社会，帮助社会特殊群体，如老人、儿童、残疾人士、贫困人员、特殊青少年群体；关注社会热点问题，如环保、医疗、教育、抢险救灾；大型的体育、文化、艺术交流活动等。如果外地学生进行社会实践活动时，本地高校学生应该给予帮助。

（2）依托学校社团开展的服务项目。高校社团每年都可开展一些服务项目，如空巢老人服务活动、校园环境维护活动、摄影作品大赛、慈善义卖活动、抗震救灾募捐和义卖及祈福行动、关爱福利院儿童活动等；高校学生可依托学校社团开展的这些活动开展志愿服务。

（3）其他项目。高校还应鼓励支持各学院、班级或个人自行联系校内外服务项目。如学生自行联系的支教服务等。

参考文献

[1] 刘仁三 . 新时代高校思政育人理论研究与实践探索 [M]. 北京：中华工商联合出版社出版，2022.

[2] 史秋衡，蒋晓蝶，孙昕妍 . 大学生思政育人实证研究 [M]. 厦门：厦门大学出版社出版，2022.

[3] 王敏，滕淑娜 . 红色文化融入高校大思政育人研究 [M]. 北京：九州出版社，2021.

[4] 曹东勃 . 新时代高校思政育人探索 [M]. 上海：上海财经大学出版社，2020.

[5] 滕飞 . 思行致新高校思政育人工作的探索与实践 [M]. 北京：中国经济出版社，2018.

[6] 连那 . 新时代高校思政育人体系建设研究 [M]. 长春：吉林大学出版社，2022.

[7] 谢波，孙玉 . 新时代背景下高校思政育人体系路径探索 [M]. 长春：吉林大学出版社，2022.

[8] 张春宇 . 三全育人理念下高校思政教学创新路径研究 [M]. 长春：吉林大学出版社，2022.

[9] 吴玉程 . 新时代高校思想政治工作"三全育人"探索 [M]. 北京：知识产权出版社，2020.

[10] 张子睿，卢彤 . 思想政治教育实践育人理论与对策研究 [M]. 北京：经济日报出版社，2019.

[11] 张慧荣 . 大学生思想政治教育的理论与实践 [M]. 长春：吉林大学出版社，2020.

[12] 张育广 . 实践育人高校思想政治教育路径探索 [M]. 广州：广东高等教育出版社，2017.

[13] 冯刚，王树荫 . 思想政治教育研究热点年度发布 [M]. 北京：团结出版社，2019.

[14] 戴冰 . 青年思想政治工作学引论 [M]. 上海：上海交通大学出版社，2019.

[15] 中共天津市委 . 新时代大学生思想政治教育理论与实践研究 [M]. 天津：天津大学出版社，2020.

[16] 陈莉 . 新时代高校思想政治教育教学改革与实践研究 [M]. 西安：西北大学出版社，2020.

[17] 徐杰 . 高校党的建设与思想政治工作研究 [M]. 北京：知识产权出版社，2018.

[18] 张建 . 高校思想政治教育工作中实践育人机制构建研究 [M]. 沈阳：沈阳出版社，2018.

[19] 曹爱琴 . 新时代大学生思想政治教育理论与实践 [M]. 西安：西安电子科技大学出版社，2019.

[20] 吕开东 . 新时代高校思想政治教育工作探 [M] 索 . 北京：光明日报出版社，2019.

[21] 祁明，江鸿波 . 高校内涵建设背景下的学生思想政治教育发展 [M]. 上海：同济大学出版社，2019.

[22] 张志军，沈威，高飞 . 构建高校发展型学生工作体系的理论与实践 [M]. 北京：中国书籍出版社，2015.

[23] 孙绍斌 . 铸魂育警：大学生思想政治工作的理论与实践 [M]. 北京：中国文史出版社，2015.

[24] 杨贤金 . 高校实践育人的探索与创新 [M]. 北京：中国书籍出版社，2015.

[25] 张禧，毛平，尹媛媛 . 大学生思想政治教育实效性探索 [M]. 成都：西南交通大学出版社，2014.

[26] 刘雪峰 . 高校思想政治教育与校园文化建设创新研究 [M]. 哈尔滨：黑龙江大学出版社，2014.

[27] 黄学模 . 科学化视野下创新高校思想政治教育 [M]. 北京：中国文史出版社，2014.

[28] 万斌，张应抗 . 高校思想政治教育新论 [M]. 北京：社会科学文献出版社，2005.

[29] 王学俭，刘强 . 新媒体与高校思想政治教育 [M]. 北京：人民出版社，2012.

[30] 教育部思想政治教育工作司 . 大学生网络思想政治教育 [M]. 北京：高等教育出版社，2011.

[31] 张秀荣，韦磊 . 高校思想政治教育研究热点问题 [M]. 北京：北京师范大学出版集团，2010.

[32] 徐锋 . 新中国大学生思想政治教育研究 [M]. 北京：人民出版社，2013.

[33] 梁桂麟，徐海波 . 当代高校公共理论课教育教学研究 [M]. 北京：中国社会科学出版社，2012.

[34] 罗嘉珂 . 协同视角下的高校思想政治教育育人机制探讨 [J]. 赤子，2020（4）.

[35] 万明龙 . "三全育人" 视域下加强大学生思想政治教育主渠道主阵地协同育人的思考 [J].

教育研究，2021，4（8）.

[36] 胡恒钊，文丽娟.“互联网+”背景下大学生思想政治教育合力育人路径研究 [J]. 思想政治课研究，2019，（2）.

[37] 苏蕾.高校思想政治教育视野下的实践育人长效机制探究 [J]. 山海经：教育前沿，2020（3）.

[38] 白芸.高校思想政治教育协同育人机制探微 [J]. 经济与社会发展研究，2019（15）.

[39] 卿郝，欣屿宋.大学生思想政治教育社会实践育人运行机制创新研究 [J]. 教学方法创新与实践，2020，3（9）.

[40] 王桂青.高校思想政治实践育人与强化理论结合的思考 [J]. 山西财政税务专科学校学报，2020，22（1）.

[41] 侯幸，王佳政.高校网络思想政治育人的挑战与对策研究 [J]. 教育教学论坛，2021（39）.

[42] 杨国强.浅谈高校社会实践对思想政治育人的功能强化 [J]. 教育教学论坛，2022（5）.

[43] 陈光辉，刘壮，刘瑶.高校思想政治工作育人机制贯通性研究初探 [J]. 河北开放大学学报，2022，27（2）.